それは「叱る」ことではありません

どこまで叱るべきか迷うお母さんへ

柴田愛子
Aiko Shibata

PHP

はじめに

私が保育者の仲間といっしょに「りんごの木」を発足させて、早いもので二十四年になります。「りんごの木」は、二歳から就学前の子どもたちが通う、いわば「ちいさな幼稚園」のような場所です。保育はもちろん、小学生もふくむ造形・音楽・クッキング・遊びなどの各教室、保育者や親向けのセミナー、そして、子育てや保育に関しての本やCDの製作販売など、子どもに関するさまざまな活動を行なっています。

「りんごの木」で多くの子どもたち、お母さん方とかかわっていくなかで、子育てについてのさまざまな相談を受けます。また、いろいろなところで講演をさせていただいたり、育児雑誌や新聞などに記事が掲載されることもあって、電子メールやお手紙などで全国のお母さん方から相談を受けることもあります。

寄せられる相談の中身はじつにさまざまで、いまのお母さん方が子育てでいろいろ悩んでおられることが手に取るようにわかります。

「子どもがおっぱいをあまり飲みません」と言う人もいれば、「飲み過ぎではないでしょうか」という相談もあります。歯が生えるのが早い・遅いとか、おむつがとれるのが早い・遅いとか、睡眠時間が長い・短い、そして、少し大きくなると友だち関係や性格的なことなど、不安の種はつきることがありません。核家族化や少子化、近所づき合いの希薄化の影響で、周りに相談できる人が少なくなっている反面、情報が氾濫《はんらん》していますから、とくにはじめての子どもの場合は、戸惑うことばかりでしょう。一つひとつ誰かに話を聞いてもらって、「だいじょうぶ」とか「こうしたら」と答えてもらえれば、お母さんもほっとするのですが……。親のための子育て家庭教師をたのむわけにもいきませんしね。

お母さん方からお受けする相談のなかでもダントツに多いのは、「子どものしつけ」や「子どもの叱《しか》り方」についてです。

「私は、あまり子どもを叱ったことがありません。叱るようなことがないのですけれど、これって変でしょうか?」というお母さんもいらっしゃいます。彼女は、叱るようなことがないのは自分の感覚が鈍いからではないか、と多少不安にも思っているようです。この方が鈍いかどうかはわかりませんが、叱りたいことがあまりないというのは、イライラしないで子育てができているということだと思います。

けれど、こういう「子どもをあまり叱らない」というお母さんは、最近少ないような気がします。「ちゃんと叱らないといけない」「甘やかすと、子どものためにならない」「きちんと叱って、きちんとしつけよう」という考え方が、お母さんをなかば強迫観念のようにしばっているような気さえします。

でも、その内情は「しつけのために、心を鬼にして叱っている」というお母さんもいれば、「叱るつもりはなくても、つい子どもの行動にイライラして叱ってしまう」というお母さんもいます。

子どもを必要以上に叱って、あとで後悔するというお母さんも、これまた、たくさんいらっしゃるのではないでしょうか。

「叱る」に対して「ほめる」という子育て論もあります。これは、みなさん多少の努力はなさるようですが、現実には続かなくて、忘れられていくことが多いのです。一方で、叱ることはほめることと違って実行しやすいものです。いえ、無意識にでもできてしまいます。「きちんと叱れるいい親」という理想像に、もろもろの自分の感情までもが含められてしまうのが実情でしょう。

そこで、ちょっと自分の日常を整理してみませんか？

この本は、お母さんに「叱り方」や「しつけの仕方」のテクニックを教える本ではありません。叱ってばかりのお母さんにちょっと立ち止まって、ひと息ついてほしいのです。「そんなに叱ることはないんですよ」と、お話ししたいのです。そうすることで、心を軽くして子どもと向き合ってほしいのです。

私は、お母さん方に、もっと肩の力を抜いて子育てに取り組んでいただきたいと思っています。わが子をどこに出しても恥ずかしくない子どもにしようとか、立派なお母さんになろうとか考える必要はありません。あなたはあなたのままでいいのです。

この本を読まれたお母さん方が、そのことに気づいて、子どもの成長を純粋に楽しめるようになっていただければ幸いです。

柴田愛子

もくじ

第2章 教えて、愛子先生！——25の悩み、スパッと解決

第3章 それでも叱ってしまうお母さんへ

6 子育てしながら、あなたらしい子育てが見えてくる

おわりに

装幀／山中康幸
装画・本文イラスト／あさいかなえ
本文レイアウト／株式会社ワード

第1章

叱りたくなるときってどんなとき？

1 「しつけ」って何？

本当に叱らないといけないの？

この本をお読みになっているお母さん方は、子どもをどんなときに叱《しか》っていらっしゃいますか？　たぶん次の二つの理由に分かれるんじゃないかと思います。

一つは、「しつけのため」。とくに小さい子どもを育てているお母さんは、これがいちばん多いでしょう。みなさん「しつけのためには叱らなくちゃいけない」と思い、子どもの一挙手一投足にいちいち口うるさく言ってらっしゃるのではないでしょうか。

もう一つは、「イライラしているとき」。自分がイライラしているときに、子どもが言うことを聞かなかったり、大声で騒いでいたりすると、ついつい怒鳴ってしまい、そのあとものすごく後悔してしまう、ということをくり返しているお母さんは意外に多いと思います。

子どもを叱ってばかりのお母さんは、「私の顔が歪《ゆが》んできちゃいそう」なんて悩んで、よけいイライラしていらっしゃることでしょう。

でも、そこでちょっと叱るのをやめて、子どもの立場に立って、少し考えてみましょう。叱ろうと思っていることが、なんでもないことだったり、叱るほどのことではなかったりするものです。

人に迷惑をかけない子どもなんていない

叱る理由を「しつけのため」と思っていらっしゃるお母さんに質問です。「しつけ」という言葉に何をイメージしますか?

私の講演を聴きに来てくださる若いお母さんに、私がこの質問をしたところ、「人に迷惑をかけない子どもにする」「人に不快感を与えない子どもにする」という答えがいちばん多かったのです。

確かにそうですね。でも、考えてみてください。人に迷惑や不快感を与えない子どもなんていないるのでしょうか。子どもは、「ここで大きな声を出してはいけない」とか、「ここで泣いてはだめだ」とか、状況を読んでいるわけではありません。子どもはストレートに「欲しいものは欲しい」「したいことはしたい」と思うままに表現しているわけです。それが子どもです。

たとえば、人の集まる場所でまだ小さな子どもが泣くと、周囲を気にしておろおろするお母さんも多いと思います。でも、「泣く」というのは、子どものいちばんストレートな表現方法なんです。子どもは生まれるときに「オギャー」と泣いて以来、おなかがすいたとき、おむつがぬれて気持ち悪いとき、抱いてほしいときなど、ところかまわず泣きます。確かに、泣き声というのはうるさいもの、うるさいことは周囲に迷惑なことです。だからといって、「泣かないの！」とか、「泣いちゃダメ！」と言って泣くことを子どもから取り上げることは、「あなたはしゃべっちゃダメ！」と言っているのと同じことなのです。

子どもは育っていく過程で、心地よいと感じること、不快に感じることがあって、それに反応し、表現することで感性が磨かれていきます。「泣く」というのは、子どもが感じたことにストレートに反応しているということです。その泣くことに大人がどう反応するのかが大事なのです。

「あら、おなかがすいたの？」とか、「おむつが気持ち悪いの？」などとお母さんが反応すれば、子どもはわかってもらえてうれしくなりますが、「泣かないの！」と叱られれば、子どもは反応することを制限されてしまうことになります。

反応すれば叱られるということが続いてしまうと、子どもはどんなふうに成長していくのでしょうか。極端な話ですが、何においても反応を示さない無気力な子どもになったり、「自分はダメだ、ダメだ」と壁に頭をゴンゴン打ちつけたりするような自虐行為に走る二、三歳の子だっているのです。あるいは、自我の強い子なら反抗的な態度を取って、自分を規制する人に対して威嚇《いかく》する場合もあります。

子どもが小さいうちは、泣くことが表現方法ですが、もう少し大きくなって、言葉を覚えたり、身体が発達して歩いたり手足を自由に動かせるようになったりすると、ところかまわず大声でしゃべったり、そこらじゅうを走り回ったりします。それもまた大人にとっては迷惑でしかありません。

なぜ、子どもが泣いたり騒いだりすることを叱ってやめさせようとするのでしょうか。いまの大人の社会が、人に迷惑をかけること、不快感を与えることを極端に嫌うようになっているからだと思います。とくにいまの若いお母さんの世代は、自分だけ飛び出してもいけない、引っ込みすぎてもいけない、みんなと歩調を合わせることが大事だという社会で育ってきましたから、とにかく人に迷惑をかけない、人に不快感を与えないことが、生きていくうえでの大前提になっているのです。だからなおさらのこと、思い通りにならない子どもに戸惑うのです。

しかし、そもそも幼い子どもは動物と同じで、思ったこと感じたことをストレートに表現するだけで、周囲がどう思うかを考えることなんてできません。ですから、大人にとっては迷惑と思えることばかりになってしまうのです。子どもがある程度の年齢になって、想像力、思考力、判断力がそなわってくると、「こんなことをしてはいけない」とか「ここで騒いだら周りに迷惑になるな」とかを判断できるようになりますが、それまでは大人と同じようにはいかないのです。

社会性のスタートはいろんな人に出会うこと

以前、こんなことがありました。

私が「りんごの木」の子どもたちを連れて、電車に乗ったときのことです。電車のなかはガラガラで、遠くのほうに男性が一人座っているだけでした。私はみんなと座席に座ったのですが、子どもたちのなかの一人が、両手でつり革につかまってぶら下がったりして遊びはじめたのです。そうなると、ほかの子どもたちもいっせいにマネをしはじめます。

私は少しあせりました。電車のなかでそんなことしちゃいけない、あのおじさんに怒られる、と。でも、あることを思い出したんです。それは、

「昔、オリンピックで体操種目ができたころ、日本に吊《つ》り輪《わ》を練習する場所がなくて、選手たちが電車のつり革で練習していた」

という話です。さらに、こんなことも考えました。

「子どもがぶら下がっているだけなら、切れたりはしないでしょう」

「ほかに乗客は乗っていないし、あのおじさんも遠くにいるわ」

「スピードも出ていないし、カーブもないみたい。とりあえず危なくはなさそうね」

そう思うと気が楽になって、子どもたちのやりたいようにやらせようと、開き直っていました。すると、そのおじさんがスッと立って、

「こら！　電車のなかは遊ぶ場所じゃないぞ！」

と一喝したのです。私たちはしゅんとなって、

「怒られちゃったね」

などと小声で言いながら、あとは降りる駅までおとなしくしていました。

そのとき考えたのは、子どもたちが騒ぐのを不快に思う人もいれば、「子どもなんだから騒いだってしょうがない」と思う人もいるということです。不快に思う人は、「こらっ」と言えばいいし、大目に見ようと思う人は黙っていればいい。「おもしろい！　私も小さいころやっていたわ」と思う人はニコニコして見ていればいいと思うのです。

にもかかわらず、周りの人がみんな不快に思っているだろうと気を遣いすぎて、自分の子どものやることを叱ったり、無理にやめさせようとする親の多いこと。「それはちょっと違うんじゃないの？」と思ってしまいます。

お母さん方のなかには、自分の子どもとほかの子どもがけんかを始めると、すぐに飛び出していってやめさせようとする人がいます。私はいつも、そういうお母さんに向かって、

「あなた、けんかが嫌いなんですか？」

と聞きます。けんかが嫌いというならいいのですが、なかには、

「いえ、私はいいんです。でも相手のお母さんが……」

と言う人がいます。相手がいやだろうと勝手に推測して、自分の子どもを一生懸命セーブしようとしているのです。そんなとき、私はこう言います。

「相手のお母さんがいやと思っているかどうかは、聞いてみないとわからないんじゃないの？　もし、相手のお母さんがいいと言ったら、危険なものを周りからどけて、少し様子を見ていればいいんじゃない？」

何度も申しますが、人に迷惑をかけないでおこう、人を不快にさせないようにしようとするあまり、勝手な思い込みで子どもを叱ったり、押さえつけたりしても、何もいいことはありません。

子どもが社会性を身につけるのは、だいたい四、五歳くらいからだと思っています。外に出るようになって、いろいろな人と関わっていくなかで、自然と身につけていくものですし、社会でぶつかり合いながら自分が迷惑に思うこと、相手が迷惑に思っていることを実感し、体得していくのだと思います。

そうやって、しだいに親の叱る内容が理解できるようになっていきます。それを、ま

だ実感できない時期に無理やり叱ってわからせようとしても、しょせん無理な話ではないでしょうか。

うそつきは成長の始まり

五歳くらいになると、自分を正当化したり、やったことをごまかしたりするために、うそをつきはじめます。お母さんたちは、うそをつくことも叱るべきことのひとつと考えているようです。

先日、私の講演を聴きに来られたお母さんが、子どもがうそをつくので困ると言うので、私は、

「みなさんはうそをついたことがないのですか？　うそをつかないでこの年までやってきましたか？」

と聞きました。お母さんくらいの年齢になるまで、一度もうそをつかないで生きてきたという人なんて、まずいません。うそをつくことを推奨するわけではないのですが、うそを上手につくことは、社会を生き抜く手段のひとつなのです。にもかかわらず、自分の子どもを絶対にうそをつかない子にするなんて、できるわけがありません。

もちろん、うそをついてもいいんだという考え方を子どもが持ってしまっては困ります。うそをつかないに越したことはないのです。でも、うそをつかないと人間は生きていけないのも事実です。さらに、相手を思いやった〝いいうそ〟だってあります。

　ありがたいことに、はじめのうちなら子どもは「かんたんにばれるうそ」をついてくれます。そのときに、いかにしっぽをつかまえて叱れるかが大事です。五歳のうそはばれなければいけないのです。ただ、「うちの子はうそをつくようになった」と憂える必要はまったくありません。「うそをついちゃいけないよ」「お母さんには、あなたのうそがちゃんと見えるのよ」と、人間としての基本姿勢を教えつつも、「うちの子もうそをつくようになった」と、子どもの成長を喜んでいればいいのです。

五歳くらいなら、うそをつくことも、いわば成長の証《あかし》。子どもが生きる力をつけてきたということなのです。小学生になったら、子どもも知恵をめぐらせ、うそも上手になっていきます。目を光らせて、だまされてもいいうそと見逃せないうそをかぎわけていってください。

いたずらの芽を摘まないで

子どものいたずらについても、同じことが言えます。子どもは一歳を過ぎたあたりから、指の一本一本が自由に動くようになります。そうなると、障子に穴を開けてみたり、座布団に穴が開いているのを見るとなかの綿をほじくり出したりするようになります。指がムズムズしてくるうえに、電化製品のスイッチやら、洗濯バサミやら、壁紙のめくれているところやらが目に飛び込んでくるのです。

先日も新聞を読んでいましたら、あるお母さんからの投書に、

「子どもが障子に穴を開けてしまうから、指がつっこめないような障子っていうのは

ないのでしょうか」

というのが載っていました。それを読んで私は、「せっかく指の機能が発達して、よろこんで使っているのに、注意する程度にとどめて欲しいわ。穴の開かない紙にするなんて、子どもの発達を阻止することになるのに……」と思ってしまいました。子どもは、普段の生活のなかで、自分がいま発達していることを、いたずらという形で消化していっているのです。

以前、あるお母さんが、

「子どもが鼻の穴に指をつっこむのがいやで、いつも叱っている」

と言うので、私は、

「それを叱ってやめさせようとするの？　別にいいじゃない。鼻は本人のものなんだし」

と言ったのです。その子はやはり一歳を過ぎたばかりでした。ちょうど指が発達したころに、自分の顔のまんなかに穴が開いている。穴のサイズも指を入れるのにぴったりなのです。指を入れるのが自然というものです。でも、そのお母さんは、

「せめて、鼻くそをくっつけるのはやめて欲しい」

と言います。子どもにとって、自分の身から出たものには愛着があって、汚いとは思わないのです。むしろ汚いとか、ばっちいとかいうのは、ある程度人間が出来上がってから感じるものなのです。この子の場合は、鼻くそをつけようとすると、お母さんが「キャー」といやがる反応をするのがおもしろいので、それが遊びになっているのかもしれません。

どうしてお箸を正しく持たなくちゃいけないの？

「しつけ」のなかで、お母さんがいちばん口うるさいのが食事のマナーのようです。「りんごの木」の子どもたちに聞いても、

「お母さんは、あれ食べろ、これ食べろ、ひじ、足って、ごはんを食べるときがいちばんうるさい。それで、しつこいなって言ったら、ひっぱたかれちゃった」

と言います。

でも、ある統計によると、二、三歳児の約七割が「遊び食べ」をしているそうです。食べながら動き回ったり、あちこちに興味が移ったり落ち着かなかったりするのが当たり前で、ちゃんとイスに座っておとなしく食べている子どものほうが少ないの

です。おとなしく座っている子は、食べることが好きな子なのでしょう。

おなかがすいたら目の前にあるものを食べるのが動物です。イスにお行儀よく座って食べている動物は人間しかいません。そして食べ物というのは、本来、命を繋《つな》ぐためにあるのです。人間も生まれてきたときは動物ですから、「自分の命を繋ぐために、必要なだけの食べ物は食べる」という原点さえ押さえていれば、あとは顔色がよくてよく動くことができれば、大目に見ていけばいいんじゃないかと、私は思っています。やがて人として育ち、環境のなかで食文化を身につけていきます。それを「お行儀よく座って、お箸《はし》の持ち方はこうで、よく噛《か》んで、どうのこうの……」って、いちいちガミガミ言うことないと思うのです。

そう言うと、お箸の持ち方を大きくなってから直すのは難しい、外でご飯を食べたときに恥をかくのは子ども自身だから……、と思われるお母さんも多いと思います。でも、どうしてお箸を正しく持たなくちゃいけないのでしょうか。お箸というのは、手を汚さないで食べることができる便利な道具なのです。その持ち方がどうであっても、食べ物を口に運ぶことができればそれでいいんじゃないかと思います。これって、乱暴な考え方でしょうか?

それに、手指の動きが未発達な子どもに、お箸の持ち方を教えたって、そうそうまく使えるようにはなりません。

「りんごの木」を卒業した中学一年生の子が、食事のとき変わったお箸の持ち方をしているので、私は、

「変わったお箸の持ち方をしているけど、よくそれで食べ物が落っこちないわね」

と聞きました。もちろん、叱ったりとか、からかったりする気は全然ありません。純粋に感心していたのです。ところが、彼女にはそれが恥ずかしいことと感じられたのでしょう。それをきっかけに、彼女はお箸の持ち方を変えたのです。

「あのとき、言われて恥ずかしかったから」

と言っていました。あえてしつけなくても、身体機能が発達し、本人が自覚することで、身につけていけばいいのではないでしょうか。

また、数年前、私は講演で次のようなお話をしました。

私の兄は、自分の子が手でものをつかめるようになったとき、食べ物を子どもの口に運んであげるのをやめて、テーブルの下に新聞紙を広げてこぼしてもいい状態にして、子どもが自力で食べるようにしたのです。最初は箸など使えませんから、手づか

みで食べます。納豆も手づかみで食べるものだから、体じゅうネバネバになってしまっていました。

そんな話をしながら、私は、

「食べ物を自分で自分の口に入れるということが大事なの。手づかみで食べるなんてことは、いつまでも続かないわよ。三、四歳になったら、そんなふうに食べなくなるから。いまは目くじら立てなくてもいいのよ」

と言いました。すると、話を聞いていたあるお母さんは、

「先生はそう言うけど、私はちゃんとお箸を持って食べられるようにしつけるわ」

と思ったそうです。何年か経って、彼女は三人の子どものお母さんになっていました。彼女の話では、一人目の子どもはとっても苦労してちゃんとしつけたらしいのですが、二人目になるとだんだん面倒になってきて、あまり口うるさく言わなくなったそうです。そしてついに、

「三人目は納豆手づかみです。でも、もう頭にこなくなりました」

と言っていました。

ちなみに、納豆を手づかみで食べていた私の姪《めい》は、いまは二十七歳になって、ロン

ドンで仕事をしています。でも、ちゃんとナイフとフォークで上手に食事をしていますよ。

子どもが納得できないことを押しつける親

暮らしている国や地域の文化だとか、社会性だとかが子どもの意識のなかに入ってくるようになるのは、だいたい四歳くらいからあと、思考力ができてくるようになってからだろうと思います。それなのに、それ以前の子どもに、お母さん方は自分と同じ暮らし方を教え込もうとしているのではないでしょうか。

それに文化といっても、地球上でお箸を使うのは日本といくつかの国だけで、欧米はナイフとフォークだし、手づかみの国もたくさんあります。お箸をどう使うかなんて、地球上の小さな国の、さらに小さな地域の、ごまつぶのような人間たちがこだわっていることなんです。そう考えれば、お母さんが「これが絶対だ」と考えていることは、実はどうしても大事なことというわけではなかったりするのです。

それなのに、無理やり「ああしなさい、こうしなさい、これが絶対だ」なんて教え込んでも、子どもは叱られるから、叩《たた》かれるから言うことを聞きますが、納得して受け入れているわけではありません。

幼い子にとって、「しつけ」というのはよくわからないことを強要される「おしつけ（押しつけ）」なのです。そして「おしつけ」は「調教」と同じです。お母さんが、調教してでも教え込まないといけないと思うことでしたら、がんばってしつけましょう。でも、そんなに無理することはない、四歳くらいになったら自分でイスに座ってお箸を持って食べるようになる、と思うお母さんは、家に動物が一匹いると思って気楽にしていればよいのではないでしょうか。

子どもがある程度の年齢になったとしても、親がしつけたいことを言葉で説明したり、口やかましく言ったからといって、子どもの身につくことは少ないのです。それよりも子どもは、日ごろのお父さん、お母さんの行動や礼儀作法から学びます。「親の背中を見て育つ」ものだと思いますよ。わが家のしつけは、日常生活のなかで自然と培われていっているのです。

2 叱らないと不安、叱ったあとに罪悪感

しつけ？　虐待？

近年、親による子どもの虐待が社会問題になっています。虐待をする親は、必ずと言っていいほど、「しつけのため」と言います。

マスコミや専門家はいろいろと理屈を言いますが、虐待する親にとって、この「しつけのため」というのは事実なのだと思います。確かに、痛い思いをすれば、子どもは言うことを聞きますし、それがだんだんとエスカレートして歯止めが効かなくなって、虐待になっていったのだろうということも、容易に想像できます。そういう人は、

叱らないと不安になったり、何のために叱っているのかが見えなくなっていたりしているのではないかと思います。

イライラすると、つい叱ってしまう

いまの社会は、子育てをやりにくくしているように感じます。叱らないと不安になるのは、このことと無関係ではありません。前節でも触れましたが、いまの社会はどんなに小さな子どもであっても、周囲に迷惑をかけない、不快感を与えないことが、多くの親たちの暮らし方の大前提になっているように見えます。周囲の目が気になって、つい子どもの行動を制してしまうようになっているのです。また、大人社会にストレスのたまるようなことが多くなっています。とくに、子育てはストレスのたまりやすいものです。ついイライラしてしまうのもしかたないのかもしれません。

そこで、そのストレスを弱いものにぶつけようとします。子どもをストレスのはけ口にしてしまうのです。小さな子どもなら歯向かってきませんし、力も弱い。だから、遠慮なくありったけの感情をぶつけられるのです。

ついイライラして子どもに当たってしまうお母さんは、一度叱っているときに鏡で自分の顔を見てみてください。「鬼の形相」とはこのことかというような顔をしていると思います。声だって、いままで他人には聞かせたことのないような声をしているはずです。

一方、子どもは「ママ、ごめんなさい！　ママ、ごめんなさい」と言って、とにかくお母さんにもとに戻ってもらおうと一生懸命にあやまったり、泣いたりします。私は、そういう母子の様子を何度も目にしてきました。見ていて、子どもに「もう、こっちに来ちゃいなさい！」と言って、救ってあげたくなります。

そんなお母さん方に話を聞いてみると、何かが引き金になって怒りはじめると、子どもが泣いてあやまるまで自分では止められなくなるそうです。何とかしなくちゃと思っても、どうにもならないのです。

そこでお母さんの多くが、子どもを外に出してしまいます。それは子どもを懲《こ》らしめるためでもあるのでしょうが、お母さんが自分で行動を制御できなくなって、とにかく自分の目の前から子どもの姿をどかさなければ止まらないという心情から、子どもを外に出すということもあるでしょう。

昔なら子どもは追い出されても、近所のおばさんとかに泣きついて、そのおばさん

の家でお茶なんか飲ませてもらいながら時が過ぎるのを待って、最後はおばさんに連れられて家に帰ることができました。近所のおばさんが繋ぎ役になってくれたのです。でも、いまはその繋ぎ役がいませんから、子どもの逃げる場所がありません。その子に兄や姉がいれば、繋ぎ役になってくれるのでしょうが、一人っ子の場合では、それも期待できません。

繋ぎ役がいなければ、当事者同士でどうにかするしかありません。でも、お母さんは言いすぎたという後ろめたさがあっても、自分から「言いすぎちゃってごめんなさい」と言うことができません。結局、子どもがあやまらないと収まらないケースが多いようです。でも、子どもは鬼の形相になったお母さんをどうにか鎮めようとして「ごめんなさい」とあやまっているだけで、お母さんが怒っている原因なんてわからなくなっていることのほうが多いのです。

ある日の朝、「りんごの木」の子どもの一人が、顔に手形をつけてきました。

「あら、朝からお母さんにぶたれちゃったの？」

私が聞くと、その子は「昨日……」と小さな声で言います。そこで私が、

「そう、痛かったね。でも、お母さんはきっといまごろ後悔して、『ああ、やりすぎちゃった』と泣いてるよ」

と言うと、ちょっと喜んだように、「ええ⁉」と言います。ちょうどそこに、その子のお母さんから電話がありました。私が電話に出ると、

「もう私ったら、やりすぎちゃったの」

と涙声で言っています。私は電話を切ってから、その子に、

「ほら、お母さんやりすぎたって電話してきたよ。お母さん、あなたのことが好きだから、後悔しているんだよ。お家に帰ったら、『ママのこと好きだから、大丈夫だよ』と言ってあげて」

と言うと、その子は「言っとく」と笑って言いました。

子どもにとって何がいちばん怖いかというと、親が怒ると、自分のことを嫌いになって捨てられるかもしれないということなのです。子どもにとって、お母さんは命綱です。子どもは、おなかにいるときからお母さんに守られ、おっぱいをもらって、お母さんがいないと生きることができない存在であることを知っています。この母子の絆《きずな》を切られると生きていけませんから、必死でお母さんに取り入るのです。

だから、せめて夜寝る前までには、お母さんが自分の気持ちを平穏に戻して、「今日は怒りすぎたね。ごめんね」「嫌いなんかじゃないよ。あなたのことが好きなんだよ」と言ってほしいと思います。そうすれば、ありがたいことに子どもは帳消しにしてくれます。「なんだ、さっき怒ったのは嫌いになったわけじゃないんだ。捨てたりしないんだ」と思えば、やりすぎも許してくれるのです。

もし、お母さんがイライラして、叱ってばかりいることに気づいたら、なぜそうなのかを考えてみてください。たいていは自分の思いどおりにいかないからなのですが、思いどおりにいかないからって、子どもを叱りつけてばかりいても何の解決にもならないのです。

ここはお母さんが、子どものことで何があきらめられるか振り返ってみてほしいのです。たとえば子どもがごはんを残すとイライラするのだったら、ごはんはお茶碗《ちゃわん》半分くらい、おかずは煮物なら残してもいい、お箸がちゃんと持てなくてもいいか……というふうに、あきらめられるものを決め、そこは目をつぶるようにしましょう。

言うことを聞かない、何度言っても直らない

イライラして叱ったり、まだできないことをあれこれ言い聞かせたりしても、子どもはそのときは「ごめんなさい」と言いますが、それはその場かぎりで、本当のところはわかっていなかったり、できなかったりするものです。だから、また同じことをくり返してしまい、「何度言ったらわかるの！」とまた叱ることになります。

でも、そのことを理解しているお母さんが少ないように思います。「親が言葉で言い聞かせれば、子どもは言うとおりにできる」と思っている場合が多いのではないでしょうか。だから、思うとおりにいかない、いかないから余計イライラするんです。

この際、「子どもは未発達なんだ」「理解力がまだ育っていないんだ」「大きくなるにつれて、だんだんとわかっていくんだ」と思ってあきらめるしかありません。第3章

で触れますが、叱ることは、「どうにも我慢のならないこと」だけにとどめておいたほうがいいのです。

そう言うと、「でも、私が子どものころは、親の言うことを何でも聞いたわ」と思われるお母さんもいらっしゃるでしょう。

でも、お母さん自身の記憶をたどってみてください。自分の乳幼児のころのことを覚えていますか？　記憶にあるのって、せいぜい小学校中学年くらいからじゃないでしょうか。

次に、「何でも親の言うことを聞いてきた」と思うころの自分の気持ちを振り返ってみてください。そのとき、幸せでしたか？「親は私のことをわかってくれない」とか、「親だからしょうがない」と思ってはいませんでしたか？　親に遠慮する自分の姿が見えてくるかもしれません。

では、あなたは自分の子どもにも、同じ気持ちを味わわせたいですか？

昔のお父さんは権威があって、晩ご飯のおかずが一品多かったりしたかもしれないのですが、子どもの気持ちはほとんど見えていなかったんじゃないでしょうか。そんな家庭のなかにいて、子どもだったあなたは本当に幸せだったでしょうか。お父さん自身だって、家族のなかで孤独だったのではないでしょうか。

お母さんが子どものころ、親から「親の言うことを聞きなさい！」とか、「親に向かってなんだ、その口のききかたは！」なんて言葉をよく言われていたと思います。親の権威が失墜した、なんて言われている昨今、私はそんな言葉をいまのお母さん方が使ったりはしていないと思っていたのです。

でも、ある機会に、若いお母さん方に聞いてみると、意外なほど多くのお母さんが、「親に向かって……」という言葉を使っていたのです。これにはびっくりでした。さらに聞いてみると、ほとんどのお母さんが子どものころに「親に向かって……」と言われて育ったそうです。

父親が絶対的な権力を持っていて、口答えなんて許されなかった……。お母さんのなかには、いまでも自分の父親とまともに話ができないという人もいました。私自身、そのような環境で育っていなかったので、よけいにびっくりしました。

父親絶対の環境のなかで育ったお母さんには、父親が好き、尊敬しているという人はほとんどいません。母親が「お母さんはお父さんのこと大好きよ」と、父親の気持ちをフォローして伝えていた人は、父親に好感を持っているようです。

以前、ある二歳の子を持つお母さんから、こんな相談を受けました。
「子どもがテーブルとテーブルクロスの間に手を突っ込むくせがあるんです。テーブルに載っているものが倒れてしまうのでやめさせたいのですが、何度言ってもやめてくれません」
子どもの五感が育ってきて、感触の違いを楽しんでいるときは、つるつる、ざらざらしたものを触りたがるし、密閉されているところに手を入れたがるものです。だから私は、こう言いました。
「手を突っ込むのが好きなんじゃない？　いやならテーブルクロスなんか敷かなきゃいいのよ」

するとうと彼女は、テーブルが傷つくのでいやだと言います。高級なテーブルだから、傷をつけたくないんだそうです。私は、だったら子どもが手を突っ込むのが好きな間はテーブルをどこかにしまっちゃえば、と言いました。そうしたら、彼女は、

「私は母から、『子どもは三歳までに叩いてしつけなさい』と言われました」

と言います。三歳までに叩いて親の言うことを聞かせておかないと、一生親の言うことを聞かなくなる、と教えられて、いまがんばってしつけているんだそうです。

私はびっくりしました。彼女の母親は私と同年代です。

「三歳までに叩いて親の言うことを聞かせておけば、一生親の言うことを聞く」というのは、どういうことでしょうか。子どもの人生なのに、一生親の言うことを聞いていけば、その子が幸せになれるという保証がどこにあるというのでしょうか。子どもが別人格であるという考えが、まったく感じられません。

最近、「子どもの人権」という言葉があちこちでさかんに使われています。でも、家庭のなかで「子どもの人権」は認められているのでしょうか。

別のお母さんで、高校生まで親の言いつけを守り、規則は決して破らずに育ったという人がいました。彼女は、すごく不自由さを感じていて、大学を出て親元を離れた

とたん、天にも昇る気持ちだったそうです。だからこそ結婚して子どもが産まれたとき、子どもはちゃんと自分で感じ、考えて行動できる子に育てようと決心しました。でも、そんな彼女のお母さんは、「私はあなたを世間からはみださずに、しっかり育てた。私は子育てがうまい」と自慢に思っているそうです。子の心、親知らず……ですね。

子育てで大事なのは、自分が子どものころにどんな育てられ方をしたかを思い起こすことと、そのときの自分の気持ちがどうだったかを客観的に見ることではないでしょうか。自分自身の心が体験したものほど確かなものはありません。いやな思いが残っていることは子どもにしなければいいし、うれしかったことは活かしていけばいい。自分にとっていちばんの育児書は、自分のなかにあるのです。

3 ルールは与えられるものじゃない

「規範意識」って何？

先日、幼稚園や小学校の先生が集まる研修会に呼ばれたときのことです。その研修会のテーマが「子どもの規範意識をどう高めるか」。いただいた資料には、「規範意識」という言葉が頻繁に出てくるのです。

でも、そこでちょっと考えてしまいました。

そもそも「規範意識」って何でしょう？

ちょっと辞書を引いてみたのですが、「規範意識」という用語は、ドイツの哲学者・

ウィンデルバントという人が言った言葉で、「相対的な現実の価値判断を超えて、あらゆる評価に対し普遍的・絶対的な価値を規範として妥当させ、かつ担う意識」(『大辞泉』小学館)という意味だそうです。

かんたんに言うと、現実はどうあれ、「これが絶対」というルールをつくって、それを基準にするっていう意味でしょうか？　だとすれば、そんなことに力を入れれば入れるほど、子どもがどんどん荒れていくという気がしてなりません。

子どもを小さいうちから、大人にとっての「いい人像」の鋳型《いがた》にはめ込んでしまうというのは、人間の存在が危うくなる、不安なことなのです。いまの子は「自己チュー」とか、「キレやすい」とか言われますが、本当の意味での「自分中心時代」を過ごしてきていないからそうなってしまうのではないでしょうか。大人が、ルールだとか規範だとか言って、子どもの頭の上に重石《おもし》をしていけば、それが重ければ重いほど、爆発したときの衝撃が大きいのです。

人が本来持っている自己中心的なものの考え方を小さいころからしていれば、他人との摩擦を体験していくうちに、人の気持ちを理解するようになります。たとえば、自分が「A」と思っていることを、相手が「B」だと言ったとすると、「私はAだと思うのに、あいつはBだと言う。気にくわないな」と思いながら、「どうしてちがうんだろう」と考えて、次第に意見のちがう人の気持ちも受け止めるようになる。それはだいたい自我が芽生える二歳半くらいから徐々に始まり、小学校三、四年生くらいまでかかって深められていくのだと、私は思っています。

そんなふうに人の気持ちに気づく準備段階を踏まず、「規範意識」という単一の価値観で子どもを囲ってしまうのは、少し変だと思うのです。

たとえば学校では規範意識のはじめの一歩として「朝登校するときは、『おはようございます』と言いましょう」と指導するそうです。本来は両親がうちで朝起きたときに「おはよう」と言い、子どももそれに合わせて「おはよう」と言うことで習慣づくもののはずです。それを先生が授業で「おはようございます」と教えるのは、何かちがうのではないかと思います。

ルールというのは、本来一方から与えられるものではなくて、みんなが暮らしていくなかで自然とつくられていくものです。人の気持ちを理解する能力が十分育っていないうちに、絶対的なルールとして押しつけられたら、人間性はぜんぜん育たずに、枠にはめられていることの息苦しさだけが子どもを支配していくのではないでしょうか。気持ちが豊かに育ってこそ、快適に暮らすために規範を守ろう、守りたいという姿勢が芽生えるのではないかと思います。

いまも昔も、子どもは何も変わっていない

いまは子どもを「いい子」にするためのルールが増える一方で、簡単に「悪い子」と決めつけてしまい、子どもが子どもらしくいられる場所が少なくなってきています。昔なら、小川で水遊びをしたり、空き地で凧《たこ》揚《あ》げをしたり、道路でお絵かきやゴム跳びなどをしたものですが、いまは子どもが安心して遊べる場所はほとんどありません。

町がどんどん開発され、都市化が進んでいくなかで、大人にとって快適な、便利で住み心地のよい環境がつくられています。けれど、子どもの遊びは、冒険心、探究心に満ちていて、道ではない細いところをすり抜け、木に登り、穴を掘り……と、大人にとっては目障りで、危なくて、汚ないと感じるようなことが多いのです。

よく「いまどきの子どもは」と言いますが、子どもは基本的に何も変わっていません。大人と、社会が変わってきているのです。

快適さ、便利さばかりを優先し、不快なものを排除するいまの社会が変わらないと、

子ども本来の遊びの芽は育たないままになってしまいます。

以前、こんなことがありました。

ある暑い夏の日、「りんごの木」の子どもたちを連れて、横浜へサーカスを見に行った帰りのことです。美術館の前に噴水や芝生のある広場があるのを知っていたので、お弁当を食べるのにちょうどいいと思い、子どもたちを連れて行きました。着いた途端、子どもたちは目の前にある噴水を見て、誰からともなくリュックサックをポーンと置いて、洋服をパパッと脱いで、噴水のなかに入って水浴びを始めたのです。誰も私に「入っていい？」とは聞きません。「あららら！」と思っている間に、子どもたちはどんどん噴水に入っていきます。

私はあわてました。こんなところを誰かに見られたら怒られる、どうしようと思ったのです。でも、すぐにいろいろ考えました。

「だいたい、誰がこんなところに噴水なんか造ったのよ！」

この広場に噴水を造ったのはもちろん大人です。大人にとって、ここに噴水があると心が和んで心地よいだろう、と思って造られたのです。大人の都合で、大人が楽しむために造られたものを子どもが見て、子ども自身が楽しもうと思ったら、水浴びと

いう結果になったのです。私は、

「大人が楽しむために造ったものを、子どもがこういう楽しみ方をして何が悪い」

「日本でも世界でも、噴水に入って遊んではいけないという法律はない」

「イタリアのトレビの泉でも、子どもが入って遊んでいるわね」

「だから、これは絶対に悪いことじゃない。誰かが怒ってきても、ちゃんと太刀打《たちう》ちできる！」

と思い、覚悟を決めました。子どもが噴水で遊んでいるのを尻目《しりめ》に、私はお弁当を広げて先に食べ始めることにしました。

しばらくして、よその幼稚園の子どもたちが、先生に連れられて広場にやってきました。そして芝生にビニールシートを敷いて、お弁当を食べ始めたのです。その幼稚園の子どもたちは、お弁当を食べ終わってから二人ほど噴水に近づいてきましたが、誰も噴水に入ろうとはしませんでした。

つまり、その子どもたちは、幼稚園に通うくらいの年齢で早くも「そんなところに入って遊んじゃいけない」と思っているわけです。もちろん、「おもしろそうだ」とは思っているでしょう。でも、「おもしろそうだから、私も入ろう」とは思わない。「思わない」のではなく、「思わないようにさせられている」ようにも見えました。

少数派がいなくなったら、世の中はダメになる

結局、その幼稚園の子どもたちは、お弁当を食べ終わったら、「トントン、まーえ。トントン、まーえ」と整列して帰っていきました。

私はその様子を見ながら、ちょっと落ち込んでしまいました。

同じ年齢の子どもたちなのに、かたやおもしろそうと思ったら大人に聞くことなく噴水に入って遊び、かたやおもしろそうと思っても自分でブレーキをかける、あるいはおもしろそうだとも思わない。何年かしたら、「りんごの木」の子どもたちも、別の

幼稚園の子どもたちと一緒に小学校へ入学します。いまの子どもたちの大半が、あの幼稚園児のように育てられているのだとすると、「りんごの木」の子どもたちはつらい思いをするのではないか、そう思ったのです。

そんなことを思うことは以前から何回もありました。もう「りんごの木」をやめようかと思って、何日も悩んだこともあります。ですが、お母さん方に相談したとき、お母さん方は口々に、

「たしかに『りんごの木』の子どもたちは少数派かもしれない。でも、少数派がいなくなったら、世の中おしまいじゃない?」

「私たちのような考え方をしている人間が、『世の中はこうなっているから』ってそっち側についてしまったら、日本はもっとダメになるよ」

「日本はもっと、『あれが絶対に正しい』と決めつける国になるよ」

と言ってくれたのです。それはとてもうれしいことでした。

誰かが「いけない」と言っても、みんなが「いけない」と思うわけじゃない

いまの日本は、文句を言った人が〝勝ち〟の社会になっているように感じます。だ

から大人も文句を言われないように生きていて、子どもたちにも「文句を言われない子育て」をしようと必死になっています。

でも、先ほどの噴水の一件でも、「公共の広場にある噴水に勝手に入って遊んではいけない」と考える人もいれば、「いいじゃないか、水浴びくらい。都会に子どもが水浴びできる場所なんて、どこにもないんだから」と考える人もいるはずです。

都会で水浴びするところがどこにあるのですか？　噴水しかないでしょう。木登りする場所がどこにあるのですか？　公園しかないでしょう。どこで花の蜜《みつ》を吸うのですか？　花壇のあるような家に住んでないでしょう。だから、公共のものを使って子どもを育てていかないと、子どもは体験で学ぶことができなくなるのです。公共のものだから、個人的なことに使ってはいけないという考えは捨てなければなりません。公共のものだから、「誰でも使っていい」のです。

そうは言っても、「こんなところで遊んじゃだめだ！」と怒る人はいます。怒られるのは私だっていやです。泣きたくなってしまいます。そんなときは「すみません」とあやまって逃げることにしています。でも、場所を変えるとか時間をおくとかして、怒る人を避けて、また遊べばいいのです。だって、子どもが育つために必要なことなのですから。

文句を言われたとき、子どもを犠牲にしないで

先日、講演に行ったとき、あるお母さんからこんな質問がありました。

その人はマンション住まいなのですが、子どもが二歳くらいのときから、部屋で跳ねたり、走り回っていたりすると、下の階に住んでいる人が「うるさい」と怒鳴り込んでくるそうです。だからそのお母さんは、子どもに「部屋で走らないのよ」「ものを落としたらダメよ」「静かにしなさい。怒られちゃうからね」と、住民から文句を言われないように、一生懸命子育てをしたそうです。

「そうしたら、いま四歳ですが、子どもがいまいち活発じゃない子になってしまいました」

とそのお母さんは言います。そりゃそうです。毎日毎日、「走らない」「静かに」なんて言っていたら、活発に育つはずがありません。

「子どもらしい伸びやかさが足りないっていうか……。もっと自由に、自分の思うことを表現できるような子どもにしたいんですけど、どうしたらいいですか?」

と聞くので、私は言いました。

「引っ越すことです」

マンションに住んでいると、こういうことはよくあります。最近とくに多いような気がします。ベランダでシャボン玉をしていると怒られる、布団をパンパン叩いていたら「ほこりが来る」といって怒られる……。そんなことで文句を言う人は、本来、集合住宅に住まないほうがいいのですが、そんな人が住んでいるのも事実です。

でも、そこで文句を言われて、子どもをコントロールして元気のない子に育ててまで、そのマンションにしがみついて住んでいなきゃいけないのでしょうか。事実、こういう問題を抱えたお母さんが、苦しんだあげくに引っ越しをしたら、苦しさから解放されたというケースが多いのです。

日本人は、とくに家への執着心が強いような気がします。六十歳までローンを組んだ一世一代の買い物ですから、わからないでもありません。でも、子どもがのびのびできない、育ち盛りの子どもが走れもしない、それでも引っ越さないでしがみついて、子どもが活発じゃなくなったから「どうすれば子どもが活発になる?」なんて無責任です。「家と子どものどっちを取るの?」と思ってしまいます。

引っ越すのが無理なら、文句を言ってくる人と戦うことです。

「いま子どもは育ち盛りなんで、静かにさせるなんて無理です。少し辛抱してもらえませんか」

「お宅が不快だからと言って、そこまで子どもを縛ることはできません」

と言う勇気を持つべきでしょう。日々の挨拶《あいさつ》や、いただきもののおすそ分けなどで、近しくなるのもひとつでしょう。

引っ越すことも、戦うことも、何の努力もしないで、子どもを犠牲にして解決しようというのは間違っていると思います。たしかに、何かトラブルがあるたびに引っ越すのも、下の住人と戦うのもエネルギーがいります。大人から見れば子どもは弱者で、いちばんコントロールしやすい相手です。だからと言って、子どもにしわ寄せがいっていいものでしょうか。

いちばん大切にすべきことを、いちばん粗末にしているという気がしてなりません。

4 うちの子は、うちの子らしく育てましょう

正しい子育てなんかない！

先日、あるお母さんが私のもとをたずねてこられました。そのお母さんが辛《つら》そうな顔をしていたので、私は、

「あなた、辛いの？」

と聞きました。するとそのお母さん、

「産まなければよかった」

と泣き崩れたのです。精神的にかなりまいっているなと感じた私は、

「そうなの。実家には帰らないの？　ご主人は？」

と聞いてみました。つい先日まで実家に帰っていたそうですが、少し元気になって帰ってきたものの、やっぱり辛いということでした。

「主人はわりと協力的で、お弁当を買ってきてくれたりしていたんですが、だんだん長引いてきたら、『お前、いつまでこうなの？』と言われてよけいに苦しくなってきたんです」

本当は子どもと物理的に離れて、しばらく距離をおいてみるのがいちばんいいのでしょう。でも、そうかんたんには離れられるわけがありません。そこで、

「あなた、一日のなかで何がいちばん辛い？」

と聞くと、

「一日三回のごはんを作ること」

と言います。そこで、こんな提案をしました。

「じゃあ、今日から二回にしなさい」

「え？」

「生きてりゃいいのよ、生きてりゃ。だいたい食事を一日三回食べる習慣ができた

のは、江戸時代からあとでしょう。『みんな仲よく楽しくご飯をいただきましょう』なんていうのは、サラリーマン家庭が多くなったからなのよ。だから三回も食べなきゃいけないなんて絶対じゃないの。命が繋がってさえいれば、それでいいのよ。だから、一日二回にしなさい」

「でも、それは勇気がいります。そんなことできません」

「だったら、朝ごはんの残りでおにぎりでも作っておけばいいわよ。子どもはおなかがすいたら勝手に食べるから、あなたは布団に入って寝てればいいわ」

すると、そのお母さんは、

「下の子の離乳食を作るのもたいへんで……」

と言います。

「離乳食なんて、歯がなくてちゃんと咀嚼《そしゃく》して食べられないからあるの。お母さんが口でくちゃくちゃと噛んであげて、子どもの口に入れたらいいじゃない」

「そんなの汚いです」

「あなたね、自分が食べているものを〝汚い〟なんてことはないわよ」

「でも、虫歯菌がうつるかもしれないし……」

「汚いと思うのだったら、みそ汁の具か何かをつぶして食べさせたら?」

「それでいいのですか?」

「それでいいのよ」

このお母さんは、ようやく少しは気が楽になったようでした。こんなふうに、〝こうやって子育てをしないといけない〟という固定観念に縛られたお母さんはたくさんいます。でも、ベストな子育てなんてできるわけがないし、多少いい加減でも子どもはちゃんと育つのです。

結局、自分の力量を超えたベストな子育てをしようとする気持ちが強すぎるために、なんでも口うるさいお母さんになったり、子育てに悩んでしまったり、子どもを虐待するようになったりするのではないでしょうか。

専門家の意見はあくまで〝ベスト〟

これらのことは、子育ての専門家と呼ばれる人たちにも責任があるのかもしれません。

「この場合はこうすべきです」「子どもの栄養面を考えて、食事はこうすべきです」といったような情報が氾濫《はんらん》しすぎています。そうすると、そうしなければ子どもがちゃんと育たない、という錯覚を抱いてしまうのです。

私は栄養士の免許を持っていて、昔、保健所でお母さん方を相手に栄養相談をしていたことがあります。思い出すと恥ずかしくなるほど、自分ではできない教科書どおりのことを口にしていました。ですから、いまでは、

「専門家のアドバイスはあくまでも見本であって、見本どおりにやりましょうということじゃないのよ」

と伝えます。ほかの保健師さんのなかにも、

「私たちは、保健師としてベストのことを口にしています。でも、そのことでお母さんたちを追い詰めているのも事実かもしれない」

とおっしゃってくれる人がいます。そもそも保健師さんたちだって、自分の子どもを、自分がいつも指導するように育てているかというと、そんなことをしている人は少ないでしょう。

専門家のベストな意見が次々と降りかかってくるから、それにお母さんが振り回されてしまうのです。だから、専門家のみなさんが、「理想は確かにこうですが、そんな

こと完璧《かんぺき》にできるわけがありません。お母さん方もできる範囲で無理をせずに実行してください」と本音を入れて指導してほしいですし、お母さん方も自分で「いい加減」にやってほしいと思います。

ひまわりの種からゆりは咲かない

不思議なことに、お母さん方は自分の子どもの人生にかかわることになると、みんな〝いいお母さん〟になろうとして、ベストの子育てをしようとします。もちろん、子どもの幸せを願うからでしょうが、自分がよく見られたい、「いいお母さんだね」と言われたい、というのも事実でしょう。でも、どうしてそれほどにも人の目を気にするようになったのでしょう。周りの人が子どもをしつけてくれるわけでも、子どもの人生を引き受けてくれるわけでもありません。子どもの人生を引き受けるのは、お母さんやお父さんしかいないのです。

また、これほどまで子どもを叱って、指示や命令をしている時代というのも、過去になかったのではないかと思います。「こんな子に育てたい」という親の理想ばかりが先行して、みんな子どものことが見えていないように感じます。

でも、ひまわりの種からゆりは咲かないのです。

ＤＮＡのなせる業《わざ》というのはけっこう強くて、子育てに高い理想を持ったとしても、そのとおり育たないことのほうが多いのです。どんなにいい幼児教育を受けたとしても、どんなにいい専門家の意見を取り入れて育てたとしても、「あなたの家の子どもじゃない子」には育たないのです。

「いたずらっ子で仕方ないんです」という子の親のどちらかは、いたずらっ子だったものです。「引っ込み思案で心配」という子の親は、たいていどちらかが引っ込み思案ということが多いのです。そのため、「私が子どものころ、引っ込み思案で損をしたから、この子は積極的な子どもに育てよう」と考えてしまうのでしょう。その発想を変えてみてはどうでしょうか。

「私は子どものころ、引っ込み思案だったからこんなことで損をした。この子も同じようなことで損をしているのだろうな」と、同じ辛さを共有できるのだと考えてみてください。ならば、その辛さをどのように緩和してあげられるかがわかるのではないでしょうか。

「子どもってそういうもの」という余裕が必要

「人に迷惑をかけない」「人を不快にさせない」といった大人の世界のルールを子どもに押しつけることも、ベストの子育てをしようとする親の思いの表れなのではないでしょうか。そのことが、子どもの居場所をだんだんと狭めていっていることに気づいてほしいのです。

最近、「子どもだからしょうがない」「子どもっていうのはそういうもの」という言葉をあまり耳にすることがなくなりました。それは、大人の社会にゆとりがなくなってきて子どもを温かく見守ろうとしないことと、大人が自分のことで精いっぱいで、快適な暮らしの邪魔になるものを排除しようとすること、言い換えれば、社会にある「大人の未熟さ」の表れなのではないかと感じます。

いまは、「子どもが子どもでいられる時間」を社会が保障しなくなっていると思います。そこに子育ての歪《ゆが》みがあるのではないでしょうか。

第2章

教えて、愛子先生！

——25の悩み、スパッと解決

性格の悩み

気にいらないことをされると親を叩きます

Q 二歳三カ月になる息子のことで相談です。最近、気にいらないことがあると、すぐに叩《たた》こうとするので困っています。

たとえば、グラスをテーブルにガンガン叩きつけるのでグラスを取り上げたとき、買わないのにいつまでもガチャガチャ（カプセルトイ販売機＝百円玉を入れるとおもちゃの入ったカプセル状の入れ物が出てくる）の前から離れず、待っている子もいたのでだっこで連れ出したとき、公園でほかの子が自分のおもちゃをさわろうとしたらぶとうとしたときなど……危険だったり、ほかの人に迷惑だったり、どれもやめさせて当然のことだと思うのですが、気にいらないようで、私を叩いてきます。

息子のしていることは悪いことだし、人を叩くのもいけないことだと教えたいのですが、どう対処すれば効果的なのか悩んでいます。今のところ、「叩かれて痛い」ということを伝えるために泣きまねをしたり、怒っていることをアピールするためににらみつけてその場から立ち去ったり、時々は叩き返してしまいます。でも、どれもうまくいってないのか、相変わらず叩いてきます。

　私がもっとおおらかになればいいのかもしれませんが、やはり、ダメなことはダメだとわからせたいのです。気にいらないことがあるとすぐに叩くようなわがままな子では、将来、友だちともうまくやっていけないのではないかと心配になります。

A　そんなに心配しなくても、大丈夫！　叩く、噛《か》む、ひっかく、は二歳児の大切な表現法です。思いどおりにならないムシャクシャした気持ちをどう消化していいのかわからないので、お母さんを叩くことで吐き出しているんですね。「お母さん、ぼくの気持ちをわかってよ！」というメッセージも含まれているかもしれません。息子さんが特別わがままなわけではないし、将来を心配する必要もないことです。大きくなればしなくなりますから、とりあえず当面の間は、ダメなことはダメときちんと言って、叩かれるのはあなたが引き受けましょう。そしてあなたが痛いと思ったら、そのまま「イタイ！」と伝えたらいいんですよ。

性格の悩み

弱い子、小さいものばかりいじめます

Q 四歳の息子の弱いものいじめについて相談です。

息子は戦いごっこなどをするとき、自分より弱い子としか戦いません。しかも、容赦なくやっつけます。反対に、自分よりも強い子が相手だと、何をされても「やめて」と言えず、やられっぱなしです。

最近ではいじめ（？）の矛先《ほこさき》が、カエルや昆虫など小さな生き物にも向けられるようになってきました。カエルの口に豆を入れたり、足を持って二つに裂こうとしたり。大きなガの幼虫を、友だちが「気持ち悪い」と言ったからといって、石でつぶしたこともあります。そんなことをしているのを見つけると、息子の口を引っ張って「ほら、痛いでしょ！」と怒ったり、「あなたが死んだら二度とお母さんと会えないんだよ。この虫はもう、お母さんに会えなくなったんだよ」と諭したりします。するとしおらしく「ごめんなさい。もうしないよ」と言うのですが、やはりまた同じようなことを繰り返します。

凶悪な事件を起こした少年たちが、幼少期に虫や小動物をいじめていたという話を聞いたりすると、このままほうっておいていいのか不安を感じます。かといって、もう、どう対処したらいいのかもわかりません!

A まあ~、なんだか昔懐かしいお子さんですね! 心配ないですよ。小さいころ、カエルのおしりから息を吹き込んで破裂させて遊んでいた悪ガキが、今はいいおじさん、おばさんになっているんですから。子どもは、虫や動物で遊ぶなかで、命というものを学んでいくものです。その探究心を持ち続け、やがて研究者になる子もいます。一つの面だけとらえて「凶悪な事件を起こすのでは」「心が荒れているのでは」と簡単に決めつけず、全体としてすこやかに育っていれば大丈夫。弱いものにしか手を出さないというのも、とても素直な行動じゃないですか。私たち大人だって、強そうな人に注意する勇気はなかなか出ないものでしょう? ただ、「弱いものいじめは恥ずかしいことだよ」というひと言はしっかり伝えましょうね。

性格の悩み

私の機嫌をうかがってばかりの息子にイライラします

Q

もうじき三歳になる息子の性格についてお聞きしたいことがあります。

息子はとてもおとなしい子で手がかからず、育児がツライと思ったことはないほどです。仲もすごくいいのですが、さすがに年相応にいろいろやるようになってきて、ちょっとは叱《しか》るようなことも出てきました。ところが叱られ慣れていないせいか、息子は怒られることを異様に気にするようで、「片づけたら」とか「ほら、こぼしちゃうよ」などちょっと注意しただけでも、すぐに「ママ、怒ってる?」と聞いてきます。

最初のうちは「怒ってないよ」と言えたのですが、何を言っても過敏に反応して「怒ってる?」と聞いてくるので、最近ではそれを聞くともうイライラ。「怒ってない」と言っても、イライラした表情をしているのでしょう、しつこく「怒ってる?」と聞いてきます。ある日、とうとう爆発して、「あなたが『怒ってる?』って聞くから怒ってるの!!』と怒鳴ってしまいました。すると今度は「怒ってる?」と聞くかわりに「ごめんなさい」と言うように……。申し訳ないやら、余計腹が立つやら。

夫には「お前が怒らなければいいんだろ」と言われるのですが、別に、私は怒っているつもりはないのです。それに、これから本当に怒らないといけないようなことがあったとき、どう受け止められるのかと思うと心配です。

A

あ〜ら、これまで叱るようなことがなかったなんて、すごいじゃない。すごく穏やかな子なんでしょうね。だから、ママのちょっとした声の調子や表情の変化をピーンと感じてしまうのでしょう。それを「怒ってる?」など、言葉にして確認しているのです。つまり、表情という「外面」から、心という「内面」を読む練習をしているのですね。そうやってママの喜怒哀楽の表情から、子どもは善悪の基準を学び取っていきます。怒っているときは「怒ってるよ」、うるさいときは「うるさい」「イライラしているの!」と、嬉《うれ》しいことがあれば「嬉しい」「ありがとう」と、ご自分の気持ちを解説してあげてください。そして、「怒っている」からといって「あなたを嫌い」というメッセージではないことを、落ち着いているときにでも伝えてあげましょう。

性格の悩み

ナマイキな言動をとる息子に困っています

Q 息子はまだ（もう？）五歳なのですが、言葉づかいがどんどん悪くなってきて心配しています。たとえば先日、公園で二〜三歳の小さな子が近づいてきたら、「来るんじゃねえよ！」と蹴《け》るまねをしたのです。「ごめんなさい」とあやまってすぐその場を立ち去ったのですが、「なぜその場でキツく息子を叱らなかったのだろう」とあとから考えてしまいました。たぶん私は、「子どもだっていつも機嫌がいいわけじゃないよな〜」と思ったのでしょうが、身勝手だったと後悔し、腹が立ってきて、「相手がどんな思いをしたと思うの？　あなたがされたらどう思う？　帰ったらパパに叱ってもらうから！」と家に帰り着くまで怒り続けました。

また別の日は、エレベーターにのったとき、周りの人に聞こえる声で「ぼく、ほかの人とエレベーターに乗りたくないんだ〜。おりてくれない？」と言うのです。「エレベーターはみんなのものなのよ」と叱っても、「そんなこと決まってませ～ん」と言い返します。五歳にもなれば、周りの大人も「ヤンチャでかわいいね」という目では見てくれません。かわいい息子が他の大人に叱られるのを見たくなくて先回りして注意していると、「ママ、怒りすぎ～」とバカにした口調で言われます。

なるべく子どもの味方になってあげたいし、仲よく過ごしたいと思ってきたのですが、最近の息子を見るにつけ、どこかで育て方を間違えてしまったのではないかと考え込んでしまいます。

A そうねえ。五歳くらいだと、〝ナマイキな子〟と見られちゃうかもしれませんね。辛《つら》いですね。ひょっとして、あなたがいっしょのときほど、ナマイキで乱暴ではないですか？ もしそうなら、お母さん、あなたが試されているのです！「パパに叱ってもらう」なんていうセリフは、「ママは自分では何もできない」と子どもに言っているようなもの。自信を持って、「ママはそんなこと許せません！」と叱ってください。毅《き》然《ぜん》とした態度が大切です。ご相談のエレベーターの件のような場合なら、子どもの手を引っぱって、最寄りの階でおりるくらいしてもいいと思いますよ。

性格の悩み

子どものがんばりが足りない気がします

Q 年中になる息子の性格について相談です。がんばり、ねばりに欠けているところがとても気になります。

年長さんを身近な目標に、年中さん同士、刺激しあいながら新しいことに挑戦しているように見えるのですが、うちの子だけ、すぐに挫折《ざせつ》しているように思えます。水泳、なわとび、とび箱、鉄棒……一度失敗したり、ちょっとでもほかの子よりできないと、「おもしろくない」「もうやーめた」と、すぐに投げ出すのです。

四月生まれのためいろいろなことができるのがほかの子より早く、周りのお母さんたちからはいつも「すごいねー」とほめられていました。私もほめて、おだてていたため、かっこ悪いところは見られたくない、少しの失敗もがまんできないプライドの高い性格になってしまったのでしょうか？　よその子が何度も転びながらも自転車の補助輪をはずせるようになったり、お母さんやお父さんのアドバイスをよく聞いて何かができるようになっていく様子を見ると、なぜうちの子は……と思ってしまいます。

最近では、「もう少しがんばろうよ」「○○ができたら楽しいよー」と言いすぎるせいか、なおさら息子は何かにトライしようとしなくなった気もします。こういう性格はどうにもならないいんでしょうか？　それとも、私の教え方に問題があるのでしょうか？　これからますます課題が出てくるだろうと思うと、こんなところで挫折しては心配です。

A　今まで順調でなんでもほめられてきただけに、親も子も、ちょっとした試練ね。でも、これまで「早め」だったのが、ここで「遅め」になってもいいじゃありませんか。すぐあきらめたり、がんばりが足りなく見えるからといって、そういう性格だと決めつけることはありません。これまでほめられてきただけに、できなかったときのことを考えると怖いんでしょう。それで慎重になっているだけです。できなくて一番悲しいのはその子自身。そっとしておきましょう。案外、人目のないところで練習していたりするものですよ。無闇《むやみ》に「ガンバレ」と追い立てるより、「お母さんも昔、さか上がりできなくて居残りさせられて……」など、親の失敗談が子どもの励みになりますよ。

性格の悩み

噛みつくのは私の育て方が悪いから？

Q 夫の転勤で地元から離れ、見知らぬ土地での初めての子育てに右往左往する毎日です。今は、二歳六カ月になる娘が、すぐに噛みつくので困っています。

娘は人見知りしないたちで、外遊びも大好き。公園などにつれていくと、積極的によその子どもがいるところに行ってはしゃぎます。ところが仲よく遊んでいるかと思いきや、ちょっとしたことで噛みつくのです。二歳児は手がかかるものと知識ではわかっていますが、わが子の噛みつきには本当に手を焼いています。相手の子におもちゃをとられたというようなときなどはまだわかるのですが、好きな場所にその子が座ったとか、親にも予測不能なことで突然噛みつくのです。おかげで公園では平謝りの日々。最初のころは笑って「いいよ」と言ってくれていた人たちも、最近では冷ややかになってきたように感じます。

子ども同士のことだし、今は自己中心的になりがちな年齢のうえ、早生まれなので言葉も遅いからなのかなとは思うのですが、やはり噛みついたり、人を傷つけるのはよくないことだとしっかり教えたいのです。何か効果的な方法ってあるのでしょうか？それに、子どもが噛みつくのは親の愛情が足りないからとか、しつけが悪いからとかいう意見を目にすると、自分の育て方に不安がわいてきます。

A そうね、あなたが言うとおり、二歳半以降は特に自我が強くなって、気持ちを表現するのに噛む、ひっかく、叩くというのはよくあること。たとえば子犬どうしがじゃれて遊んでいるとき、本気になって強く噛みすぎて、キャン！ と鳴いたりするでしょう？ あんなもんです。でも、自我が早く出る子、遅い子、持っている自我が強い子、弱い子、と個人差があるから、困るんですよね。あなたのお子さんは自我が強いけれど、まだほかの表現力が身についていないというところかしら。愛情不足なんてとんでもない。噛みつきをやめさせる画期的な方法はありません。そのたびにストップをかけたり、謝ったりしながら、子どもの成長を待ってください。しっかりとした「自分」を持ったいい子に育つでしょうね。

生活の悩み

テレビが大好きで困ってます

Q　四歳になる娘は、保育園・幼稚園には通わず、毎日自宅で過ごしています。そのせいか、テレビを見過ぎているのではないかと心配です。多い日は五～六時間以上、見ているように思います。お出かけ前のあわただしいときや、夕食の準備をしなくてはいけないときなど、テレビを見せていればおとなしくしていてくれるので助かるというのが本音です。別に特に忙しいわけでない日中でも、テレビを見せていれば私がほっとひと息つく時間ができるのでありがたいのですが、さすがに最近ちょっと気になってきました。

外に連れ出してお友だちと遊ぶようにしたり、家のなかでも相手になって、なるべくテレビをつけないように努力していますが、それでも朝起きてから出かけるまでの時間、帰ってきて夕食を食べ始めるまでの時間、最低でも毎日三時間は見ているでしょうか。テレビを消してシ～ンとした部屋で遊んでいるとなんだか私も寂しい感じがして、娘が「なにか見たい」と言い出すと、テレビをつけてしまいます。

どうすれば、テレビの時間を少なくできるのでしょうか？

A お母さん、あなたもテレビが好きなんじゃない？　音がないと落ち着かない感じがして、見たい番組もないのについテレビをつけてしまう……。テレビが悪いとは言いませんが、五～六時間となると、ちょっと見すぎですね。まずは毎日のリズムをつくりましょう。朝起きる、食事をする、散歩をする、お昼寝をする……そのなかで、どこで、どのくらいテレビを見るか、生活のリズムをつくるのです。リズムができると心身が安定しますよ。できればそこに、絵本を読む時間も入れてもらえると嬉しいですね。

「テレビがついてないと落ち着かない」というのは単なる習慣ですから、変えられますよ。「エイッ!!」と思いきりよくいきましょう。

生活の悩み

おもちゃをひとり占めするのが気になります

Q

おもちゃに対する息子の行動について気になることがあります。息子は三歳にしては体が大きいほうで、力もあるためか、大した悪意もなく、友だちのおもちゃを奪い取ってしまうのです。しかも、二個、三個と一度に抱え込み、手にした以上、一つたりとも返そうとしません。

うちにあるおもちゃはおさがりばかりで、新しいおもちゃを買っていないからそういう行動をとるのかと考えたりもしました。でも、おもちゃ屋さんに行っても、あれこれ熱心に遊ぶだけで、「欲しい」とも「買って」とも言わないので、ついつい買うのをやめてしまい、新しいおもちゃが増えないのです。子どもが「欲しい」と言わないものまで買い与えるのは不自然な気もしますが、友だちが持っているおもちゃに次々と手を伸ばすのをみると、「おもちゃに飢えているからそういう行動をとるのかな?」

と息子がかわいそうに思えたりもします。

おもちゃを取るだけでなく、すべり台など、遊ぶ順番を守ろうとしないときもあります。そろそろルールを守ることを教えなければいけないという思いもあり、ついつい、遊びに出かけても小言ばかり。息子も遊びに完全燃焼できないようで、よけいに力にまかせることが増えた気もします。こんな息子に、どういう態度をとっていったらよいのでしょうか?

A しょうがないわよ。困ったことだけど、人の持っているものはキラキラ光って見えるんです。同じおもちゃを渡しても、別の子が持っているほうを取ったりすることもよくあります。おもちゃを買い与えないせいなんかじゃないですよ。自己中心まっただ中の三歳児にある唯一のルールは、「自分の思ったようにする」です。自分の物は自分の物、他人の物も自分の物。ルールが理解でき、それを守れるようになるのは五歳くらいかしらね。そのころになると、オニごっこなどのルールのある遊びが好きになってきます。もし、体が大きいためにトラブルを起こしやすいのだったら、同じような性格の子や、ちょっと年齢の上の子と遊ぶようにしたらどうでしょう?

生活の悩み

公共の場で騒ぐときはどうしたらいい？

Q

三歳ぐらいになれば、自我の芽生えとともに他人への配慮もできるようになり、「誰それが困るから」「いやがっているよ」ということが理解できてがまんもできるようになると聞いていたのですが、うちの娘はまったく逆。

もともとカンのつよいほうでしたが、三歳あたりを境に、わざと私を困らせるようなことばかりをします。電車のトビラが閉まった瞬間、「ギャーッ！」と叫んで驚かせる、レストランではテーブルの上に足をのせる、デパートのなかで大声で歌いだす……周りに気をつかうばかりで、最近では外へ出かけるのが恐怖です。最初は口で説明していたのですが、いっこうにきく様子が見られず、最近ではつい足をつねったりしてしまいます。そんなあとはすぐ

に反省して抱きしめてあやまるのですが、同じことの繰り返し。

どうしてそんなことをするのか聞いてみると、「ママを困らせたいの」「怒っているママが好き」などと答えて、理解できません。とりあえず絵本やおやつなど、気をまぎらせるための小道具を用意したりするのですが、効果はあったりなかったり。

娘はなぜ、私を困らせることばかりするのでしょうか？　そして、公共の場で騒いではいけないということを、どう言えばわかってもらえるのでしょうか？

A　まあ、おもしろいお子さんですね。起きている間中、キラキラ、ドキドキ、あらゆる神経を張りめぐらせて、刺激的な日々を送っているのでしょう。あなたの反応もその「刺激的なこと」の一つであって、本当に困らせることが目的ではないんですよ。三歳なんですから、「他人へ配慮する」なんてぜ～ったい無理。怖い顔をしたり、つねったりして伝わることでもないし、ましてや説明してわかってもらおうなんて、できない相談です。それよりも、打てば響くようなお子さんのその感性、私はすばらしいと思います。もうちょっとの辛抱です！　それまでは、なるべく気兼ねのないところを選んで出かけるのでもいいんじゃないでしょうか。

生活の悩み

本当に好き嫌いをほうっておいていいの？

Q 五歳になる娘の好き嫌いで困っています。以前、先生の講演で「好き嫌いがあっても、生きてるってことは必要なだけ食べてるんだから、別にいいじゃない」というお話を聞き、そのときは「そうか！」と納得したのですが、迷いが出てきました。

嫌いなものが入っているとほかも全部食べない、以前は食べたものを急に食べなくなる、嫌いなものがどんどん増えていく、よその家で出されたものにも好き嫌いを言って気をつかわせる……という変化を見ると、今のやり方が本当に正しいのかと迷います。そして何よりやはり、子どもが「好き嫌いしてもいい」「嫌いなものは残してもいい」と当然のように思ってしまうことがイヤなのです。そのため、口では「残してもいいんだよ」と言っているのですが、態度が不機嫌になってしまい、子どもは「嫌い」とは言えないけれど食べられず、ずっとお皿を前ににらめっこしています。

やはり食事の時間は楽しく過ごしたいし、嫌いなものを「嫌い」とちゃんと言える子であるのも大切だと思うのですが、どうしても好き嫌いの多いことを受け入れられません。大人になっても好き嫌いの多い夫を見ていると、小さいうちに食べられるようになっておくほうがいいのではないかとも思います。子どもも時々はがんばって食べられることもあるのですが、それって私が無理をさせているってことでしょうか？この迷いはどうしたらふっきれるでしょうか？

A ここはひとつ、お父さんにも協力してもらいましょう。お父さんも好き嫌いが多いということですが、お父さんが嫌いなものに挑戦することで、子どももトライする気持ちになるかもしれません。父娘競争にしたり、うまく気分を盛り上げましょう。また、おかずを大皿に盛ってしまうのもひとつの手。誰がどのくらい食べたかわからないので「食べなきゃいけない」という呪縛《じゅばく》から解放されますし、逆に、食べてもいないのに減っていくとソンした気がして、食が進むかもしれません。ご相談からはあなたの迷いが感じられます。「何が正しいか」ではなく、自分の心にストンと落ちる食事スタイルはどういうものか、あれこれ試してみてください。

生活の悩み

外で（幼稚園でも！）トイレができません

Q 四歳になる息子のトイレのことについて相談させてください。

息子はもともと神経質なところがあり、慣れないところでトイレに行くのをとてもいやがり、いつも限界まで我慢します。しかも、最初のころに座っておしっこをするように教えたため、外では立ってしないといけないので、よけいにイヤなようです（おチンチンを持つことにも抵抗があるようです）。それでも息子なりになんとか立ってできるようになっていたのですが、ある日、外でトイレに行ったとき、失敗してトイレもズボンもビチャビチャにしてしまいました。ついカーッとなって、ひどく叱ったところ、それ以来、立っておしっこをしなくなったのです。

幼稚園がある日は、十四時のお迎えまでずーっと我慢しているか、我慢できない日はおもらしをしているようです。先生にも事情を話し、座ってしてもいいと言ってくださっているのですが、男の子なのに自分だけ女の子のトイレでするのも恥ずかしい、でも、立ってしようとしても出ない……という状況です。

すべては、あの日、大勢の人の前でこっぴどく叱ってしまった自分のせいかと思うと、非常に申し訳ない気持ちでいっぱいです。いったい息子に、どうはたらきかければいいのでしょうか？

A 今は洋式トイレが普及して、座っておしっこをする男の子も増えましたよ。立ってできないことは、そんなに特殊なことじゃありません。いずれできるようになりますよ、大丈夫です。私がやっている「りんごの木」でも、三歳のときは、どんなになだめても、怒っても、一緒についていっても一度もトイレをしなかった子がいましたが、年中さんになったとたん、嘘《うそ》のようにできるようになりました。その子なりの、なにか「ふんぎり」があるのでしょう。それまで待ってみてください。ただ、冬場は寒くて我慢するのは辛いでしょうから、少し早めにお迎えしてあげたらどうでしょう？　そして、決してあなたが怒ったことがすべての原因とは思いませんが、一度きちんと「あのときはきつく叱ってごめんね」とあやまってはどうでしょうか。

生活の悩み

おっぱいやおチンチンに関心を向ける息子が心配です

Q　現在、七歳と三歳の二人の息子を抱えています。最近、息子たちが性的なことに興味を持つようになってきて、三人姉妹のなかで育ってきた私としては、男の子の性の目覚めにどう対応したらよいのか悩んでいます。

特に長男のこだわりが強く、私に抱きついてきたときに胸を触ったり、次男のおしりやおチンチンを写真に撮《と》ったりします。こっそりマッサージ器を自分の股間《こかん》に当てたり、次男にも当てさせて遊んでいるのを見たときは、本当に心配になりました。こうしたとき、どういう対応をするのが自然なのでしょうか？　もう七歳になる長男が抱きついてきたときに胸を触ってくると、正直、戸惑います。かといって、突き放すのも意識しすぎのようで……。

次男は長男に引きずられて遊んでいるだけのように感じますが、長男は三歳のころから好きな女の子がいたり、女の子に「おっぱいを見せろー」と追いかけることがあったりと、性への関心が強いように思います。男の子は将来、どちらかというと加害者になりやすいし、もし息子に問題があるのなら、早いうちに何かしなくてはならないのではないかと不安です。

A あらあら、お母さんは「女」ですから「男」の子のことに戸惑うのも無理ありませんが、不安になりすぎですよ。性に関しては早くから興味を示す子もいれば、遅い子もいます。何歳で関心を持ったら異常、ということはないんです。五歳くらいでスカートめくりやおチンチンの見せあいっこ、相手の股間に足を入れてブルブルさせたりは、いつの時代もありました。エロ本を見ていたこともあります。すべてが性的なものとは言えず、過激な表現をおもしろがっていることもあるでしょう。女の子に「おっぱいを見せろー」と言うのは、オニごっこに近いと思いますよ。それにお母さんのオッパイは触ると気持ちよく、安心できるものなんです。だって、赤ちゃんのときの命の素《もと》だったのですから……。男の子の性に関しては、お父さんに相談するのが一番！

きょうだいの悩み

長男へのイライラが止められません!!

Q　現在、長男は小学校二年生、次男は年少です。次男が大きくなるにつれて、長男へのイライラが止まらず、自分でも困っています。

次男が生まれるまでは、「下の子が生まれると上の子がかわいくなくなった」という話を聞いても、なんて愛情のない親だろうと思っていました。実際、次男が生まれてからしばらくの間も、私は長男がかわいくて仕方がありませんでした。ところが次男がハイハイし、カタコトをしゃべるようになってくると、だんだんと長男よりも次男がかわいく思えてきたのです。それどころか、長男はうっとうしく、私をイライラさせる存在に変わってしまいました。

理由はだいたいわかっています。小学校に進学したころから息子は頻繁にカゼをひくようになり、アレルギーも出て、しょっちゅう病院に行くようになりました。カゼをひかせまいと長男を早く寝かせようとするのですが、塾やおけいこごと、宿題などでそう早く寝ることはできません。でも、早くできない長男にイライラ。「宿題は終わったの？　明日の準備はしたの？　なんでゲームしているの！」と立て続けにガミガミ。言葉の暴力がエスカレートしてきていると自分でも感じます。頭ではいけないとわかっていても、生理的に長男を受けつけなくなっている感じです。自分が変わらなければどうにもならないとわかっているのに、変われません。どうすればいいですか？

A　まあまあ、動物でもそうだけど、小さいほうがかわいく見えるのは当然でしょう。ところが少し大きくなると、あれしてほしい、こうなってほしいと、ついつい要求も増え、どうしても摩擦が生まれるんですね。あなたは「変わらなければ」と思ってるようですが、人間、そう簡単に変われるものではありませんから、それは置いておいて、とりあえず、「やらなくちゃ」と思っていることを減らしてみたらどうでしょう？「やらなくちゃ」が多すぎて、あなたもご長男も、いつも追い立てられているんじゃないでしょうか。子どもばかり見ているのがいい母親とは限りません。たまには目をそらすのも大事です。そして、怒鳴りすぎたと思ったら、正直に「ゴメン！」とあやまりましょう。

きょうだいの悩み

上の子ばかり怒っていたら、顔色をうかがうように

Q　三歳のお兄ちゃんと、一歳の妹を抱える母親です。上の子への接し方について相談です。

もともと気が強い子で、お友だちのおもちゃをとったり、叩いたり、そういうトラブルはよくあったのですが、妹が生まれて以来、わがままがひどくなった気がします。「ダメ！」と怒っても、「なんで？」「べつにいいじゃない」などと言って、簡単にはあやまりません。「ごめんなさい」を言わせようと、いつまでもガミガミ言ってしまいます。一応叩いたりはしないのですが、どんどん大声に、そして言葉がきつくなっていくのを自分でも感じます。そのときはどうにも止められず、叱ったあとは必ず自己嫌悪。でもやっぱり、次の日になったらガンガン怒ってます。

それに、妹への態度も気になります。機嫌のいいときはかわいがり、相手もします

が、機嫌が悪いと叩きます。妹に腹の立つことをされたときの怒鳴る様子は、私そっくりでまた腹が立つやら、反省するやら……。

最近では怒られないかどうか私の顔色をうかがう様子が見られるようになり、なんてひどい母親なんだろうと思います。保育園にも幼稚園にも行ってないので、日中はほぼ三人で過ごしているせいもあるのでしょうか？　このままではいけないと思っても、どうしていいのかわかりません。

Ａ　あなた、いいお母さんですよ。子どもの様子と自分の行動を結びつけ、ちゃ～んと反省してらっしゃるんだから。大したものです。あなたもわかっていると思いますが、お兄ちゃんとはいってもまだ三歳です。「お兄ちゃんらしく」はなれなくて当然でしょう。口は達者になっても、まだまだあなたに手をかけてほしいのです。夜寝る前に、義理でもいいからギュッと抱っこして「おやすみ」と言う習慣をつくってみてください。毎晩、ちゃんとですよ。今のままの日々を過ごすのもかまいませんが、どうしても苦しいなと思ったら、保育園や幼稚園に入れることを考えてはどうでしょうか。

園の悩み

息子がいじめられているようで心配です

Q 年長になる息子は乱暴者と評判で、お友だちはもとより、先生やほかのお母さん方からも評判が悪く、親子ともども肩身の狭い思いをしています。ところが最近、息子から意外なことを聞きました。実は息子がいじめっ子なのではなく、息子のほうがいじめられているというのです。

その子（仮にA君としておきます）が、いつも息子が嫌がることばかり言ったり、みんなでジャンケンで決めようと言ったことも、息子が勝つと「ズルをした」と言ってやり直しをしたりするらしいのです。ほかの子はみんなA君の言うなりで、口で言い合っても大勢対一人なのでどうしても負けてしまい、結局、カーッとなって手や足が出てしまうとのこと。「ぼくだって一生懸命ガマンしようと思うけど、くやしくてくやしくて、イヤなんだ。それでも絶対、叩いちゃいけないの?」と泣くのを見ると、本当にかわいそうです。

先生に言ったのかと聞くと、先生に言ったらもっといじめると言われたと言います。今日も息子が園でいじめられているのではないかと思うと心配でたまりません。どうすれば、息子がA君からいじめられないですむようになるのでしょうか?

A　まあ、いやですねえ、乱暴者と思っていたわが子が、実はいじめられていたなんて……。でも、こういうことってあるんですよ。子ども同士の関係は、一見しただけではわからないものです。特に年長児くらいになってくると複雑です。お子さんは、お母さんに言えて本当によかったですね。ただ、お母さんに注意してほしいのは、息子さんの話がそのまま「真実」とは限らないということ。嘘をついているというのではなく、子どもは、自分の感じたことを「事実」として話すので、客観的な「真実」とはズレることがあるのです。ひとまず、園の先生に相談しましょう。子どもの言ったことを伝え、先生方の目にはどううつるのか、意見やアドバイスをいただくのです。それでいじめがエスカレートすることは、まずありませんから。

園の悩み

どろんこ遊びをさせてくれない幼稚園に不信感が募ります

Q　うちの息子は、どろんこ遊びが大好きです。幼稚園を選ぶときも、どろんこ遊びができることを基準に選んだつもりです。

ところが実際に通い始めてみると、「汚してはいけないから」という理由で、どろんこ遊びをさせてもらっていないようなのです。どろんこ遊びは五感を使う最高の遊びだと言うし、何より、水たまりを見つければすぐにとびこむようなどろんこ大好きの息子がかわいそうな気がして、一度、担任の先生に「どろ遊びをさせてほしい」とお願いしました。ところが先生は、息子はブロックで戦いごっこをするのが大好きで、自分で選んでやっているのだからいいではないか、とおっしゃるのです。幼稚園で子

どもが何をして遊ぶかまで、親が口を出すことではないと……。確かにそうかもしれませんが、でも、どろ遊びをしている息子は、本当にキラキラしていて元気一杯。幼稚園でどろ遊びをしないなんておかしい！　と思ってしまいます。

このままでは息子のよさが伸びないのではないかと心配です。息子は今の幼稚園で楽しくやっているようですが、子どものためにも、どろんこ遊びをさせてくれる園に変えたほうがよいでしょうか？

A どろんこ遊びをしているときの息子さんの笑顔、さぞかしすばらしいんでしょうね。だからお母さんは、その輝きをもっと！　と思うのでしょう。でも、園でブロック遊びをしているときも、すばらしい笑顔をしているかもしれませんよ。子どもが「楽しい」と思っているのなら、どんな遊びでもいいんじゃないでしょうか。ひょっとしたらお子さんは、大勢でダイナミックに遊べる園ならではの遊びと、家での遊びを使い分けているのかもしれませんよ。子どもの遊びは子どもにまかせておいたら大丈夫です。園に楽しく行っているんですから、イキイキ、充実して遊んでいるのでしょう。お子さんのどろ遊びのときの笑顔は、お母さんの宝物にしておけばいいじゃないですか。

園の悩み

引っ越して以来、保育園になじみません

Q

六歳の兄と、四歳の妹を持つ母です。今日は、妹に関する相談です。

わが家はこの春、引っ越しをしました。兄はちょうど小学校入学だったので比較的スムーズにいったのですが、妹が新しい保育園になじまず、弱っています。

前の保育園には問題なく通っていたのですが、新しい園になってからは朝、出かけるのを嫌がり、園でのお別れも泣いてスムーズにいきません。先生からは「そのうち慣れるから大丈夫です！」と心強い言葉をいただき、実際、通っているうちに楽しそうな様子になるのですが、連休など長いお休みをはさむと、またふりだしに戻る……という感じです。保育園が嫌いなわけではないようですが、「友だちがいない」と言います。仲間はずれにされているとかいうわけではなく、みんなの輪のなかにうまく入っていくタイミングを見つけられないような感じです。

以前は兄といっしょに保育園に通っていたのに、今は一人きりなことも不安を強くしているのかもしれません。私にもまだママ友だちができてないので、子どもを誘っていっしょに遊ぶこともできない状況です。カバンを好きなキャラクターものに買い替えたり、好きな服を選んだりといろいろハッパをかけているのですが、毎朝のことだけに最近少し疲れて、グズグズする娘に怒りをぶつけそうになってしまいます。

A 引っ越した環境にすぐになじめないのは、大人でも同じじゃない？　園の先生がどんなに気を配ってくださっても、やはり子どもは子どもと遊びたいもの。でも、飛び込む勇気がなかなか出ないんですよね。そんなときは、できるだけ家庭をホッとできる場所にしてあげましょう。家でのんびり元気をチャージできたら、園でエイッと飛び出す勇気が出るかもしれませんよ。遠くへ跳ぶためには助走が必要なように、気持ちも一歩下がることが必要なときがあります。これぱかりは子ども自身が自分で解決しないとどうしようもない問題。前へ前へと進むことばかり考えず、時間をかけて、待ってあげてください。大人の都合で引っ越して、子どもにかわいそうなことをしたなんて思わないでくださいね。今回のことで、子どもには新しい力がつくのですから。

園の悩み

子どもが行きたい園と親が行かせたい園、どっちにすべき？

Q 娘の幼稚園選びで迷っています。ひとつは、家の近くにあるごく一般的な幼稚園。園庭が広く、行事も多く、のびのびとした雰囲気で、何より娘の友だちも行っており、娘が行きたがっています。ただ、若い先生が多く、あまりしつけができていない感じがして、私自身が行かせることに迷いを感じています。

もうひとつは、少し遠いのですが、キリスト教系の少人数制の幼稚園。少人数制の行き届いた雰囲気や、「自立した子どもを育てる」という園の教育方針にとても共感しています。ただ、やはり遠いし、遊具が少なくて遊びが十分にできるのか不安があること、制服がないのでその出費を覚悟しないといけないこと……。

娘は最初は絶対に友だちが行く幼稚園がいいと言っていたのに、私の迷いを感じてか、最近では「遠い幼稚園でいいよ」と言うようになってきました。でも、今度は私が、小さいうちはたっぷり遊べる幼稚園がいいのかなとか、幼稚園が遠いと園が終わったあとに友だちとあまり遊べないんじゃないか、少人数制だと子どもが淋《さび》しい思いをするんじゃないかと、迷いはじめてしまいました。何より、あんなに行きたがっていたのに「別の園でいい」と言わせてしまったことがかわいそうな気がして……。

よい幼稚園を選ぶ決め手のようなものがあれば、ぜひ、お教えください。

A ほんとうにもう、迷ってしまいますよね。調べれば調べるほど、ますます迷い道に入り込んでいく感じでしょう。でもね、どんなに「すばらしい」と言われる園に預けたからといって、あなたの子が見違えるようなすばらしい子になるわけではないということはわかってくださいね。幼稚園は、魔法が使えるわけではないんですから。そして、「若い先生＝しつけができない」「少人数＝子どもが淋しい」「遊具が少ない＝十分遊べない」……これらはどれも、あなたが頭のなかで考えていること。それよりも、園児が遊んでいる時間に何度でも見学に出かけてみましょうよ。あなたのお子さんが楽しそうに遊んでいる姿が目に浮かぶ園のほうが、あなたと子どもにとっての「いい園」なんじゃないかしら？

母親の悩み

いったい、どんなときに叱ったらいいの？

Q

子どもの叱り方で悩んでいます。命にかかわるようなことでない限り叱ることもないかと思ってきましたが、すると、「これはどうかな」とか「このくらいは大丈夫かな」と考えてしまい、叱るタイミングを逃しているような気がします。「本当にいまのは叱らなくてもよかったのかな」と、自分の選択に悩むのです。

叱るときもなるべく言い聞かせるようにしているのですが、うまく伝わっているように思えません。子どもはめったに謝らず、そのうち「はい、おしまい！」「また、あーしーたー」とはぐらかします。「ごめんなさいは？」などと言って無理にあやまらせることもできるでしょうが、それでは「あやまればそれでいい」と思ってしまいそうでイヤなのです。ちゃんと理解したうえであやまってほしいので、「話はまだ終わってないよ」とこちらを向かせるのですが、今度は私を叩こうとします。

最近は、言って聞かせるのは間違いなんじゃないか、と不安になってきました。もっとささいなことでも叱るようにすれば、子どもは言うことを聞くようになるのでしょうか？　でも、細かいことを言い出すと、今度は「うるさいこと言ってばっかり」と流されるのではないかと心配です。いったい、叱る・叱らないを、どこで見きわめたらいいのでしょうか？

A　あのね、あんまり頭で考えないほうがいいわよ。叱ったほうがいいのか、叱らないほうがいいのか、考えだすと、もうわけがわからなくなっちゃうから。世間のルールではなく、あなたが「イヤだ」「我慢できない」と思うこと、それを叱ればいいんです。それでもよくわからないなら、最初どおり「叱らなくていいや」と見ているようにしましょう。それでもどうしても心にひっかかる子どもの行動があるはずです。そのときの素直な気持ちのまま、表現してみましょう。「こらっ！」だったり「ダメ」だったり「やめてね〜」だったり、許せない気持ちに合わせて、ぴったりの叱り言葉が出てくるはず。あなたらしい言葉で、あなたの気持ちが込められた叱り方は、きっと子どもに通じると思いますよ。

母親の悩み

子どもを叩くよそのお母さんが気になります

Q ご近所のお母さんで気になる人がいます。その方には三歳と四歳の息子さんが二人いるのですが、やんちゃ盛りのこともあり、兄弟二人でいろいろといたずらをします。近所の家のプランターの花を折る、ドアのチャイムを鳴らして走り去る……確かにやってはいけないことですが、子どもならではのたわいのないいたずらだからしょうがないと私は思っています。問題は、お母さんのほうなのです。

その方は、子どものいたずらややんちゃを見つけると、叩くのです。やさしく言葉でたしなめるときもあるのですが、たいていは思いっきり叩きます。頭や顔をきつく叩くので、見ているこちらが怖くなるほど。最初は「この家のしつけなんだろう」と思おうとしたのですが、たとえばうちの子と一緒に遊んでいるときなど、同じようなことをしても、私は言って聞かせようとしているのに、横でそのお母さんは問答無用で叩くのです。私も子どもも、どう反応していいのか困ってしまいます。
それぞれの家に考えはあるでしょうし、叩くのはやめたほうがいいよと言う勇気も私にはありません。それに、そのお母さん自身、叩いてしまう自分に悩んでおられるようで、簡単に口をはさめる問題ではないと思います。でも、叩かれる場面に居合わせるとうちの子もショックを受けるようだし、私も困惑します。どうつきあっていけばいいでしょうか?

A あらら、人前でそんなに思いきり叩くなんて、そのお母さんもすごいですね。裏表がないのか、歯止めがきかないタイプなのか……。でも、子どもは叩かれることで何かを学ぶことはなく、叩かれるのはイヤだからとりあえず言うことを聞くようになるだけです。そのお母さんが叩いてしまう自分に悩んでおられるのなら、「相談にのる」というほど気張らずに、とりあえずいろいろとお話をしてはどうでしょう。おしゃべりするなかで、そのお母さんの抱えているものが外に出てくるかもしれませんよ。そして一緒に遊ぶときは「私が見ていてあげるよ」と、子どもだけ預かってはどうでしょうか? 親も子もホッとする時間が持てれば、何かが変わるかもしれませんね。

母親の悩み

子どもにも、私にも、友だちができません

Q

六歳になる娘の母親です。娘にも私にも、これといった親しい友だちができないことで悩んでいます。

娘は一歳を過ぎるころから、すぐに友だちに噛みつく、手をあげるなどの乱暴なところがあって、公園や児童館などに行っても、何度か遊ぶうちに次第に誰も相手にしてくれなくなります。私も、出かけてもまたケンカをするのではないか、ケガをさせるのではないかと思うと、よその子と交わるのがだんだんおっくうになってきました。

幼稚園に入れば少しは乱暴もおさまり、友だちができるかと思ったのですが、年長になったいま現在も、特定の友だちができません。娘は明るく、積極的な性格で、どんどんお友だちの輪に入っていくのですが、やはり強引だったり、ずるがしこいところがあるためか、すぐにケンカになります。

一方私は、娘がトラブルを起こしてばかりなので申し訳ないし、何を言われているかと思うと、ほかのお母さん方と積極的にうちとけることができません。たまに勇気をだして公園や自宅に誘ってみるのですが、ケンカになったり、相手を泣かせたり、最後は気まずい雰囲気で終わってしまいます。それで私はしばらく誘う勇気をなくしますし、いまだに誰かから誘われたこともありません。親子二人で孤立して、本当に辛《つら》いです。どうすれば友だちができるようになるでしょうか？

A　お母さんと娘さんで、ずいぶんと性格が違うんですね。お母さんは周りに気をつかいすぎてしまうタイプ、娘さんは自我が強くて活発、特定の友だちがいなくてもへっちゃらタイプといったところでしょうか。こうしたお子さんはほうっておいても大丈夫ですよ。強引だったり、ずるがしこかったり、すぐケンカしたりするのは、いたって健康な六歳児。いろんな人とぶつかり、もまれる経験を積んで、人の心がわかる子に育っていくのです。子どものすること一つひとつを生真面目《きまじめ》に受け止めず、「子どものすること」と大らかに見ていきましょう。あなたの友だちは、子どもと関係ないところで探してもいいんですよ。ゆっくりと、気が合う人を見つけてください。

母親の悩み

父親として、母親の叱り方に納得いきません

Q 五歳と三歳の子どもを持つ父親です。実は、私の妻について相談です。

子どもたちは今、好奇心いっぱい、イタズラ心も旺盛《おうせい》で、手がつけられない年齢です。レストランで走り回る、いきなり車道に飛び出す、変なものを拾ってくる……。「子どもはのびのび育てたい」と思ってはいるのですが、実際は「よそ様に迷惑をかけたら」「ケガをしたら」という気持ちが先に立って、ほぼ、頭ごなしに叱っています。

問題は、叱るときの態度です。妻はもともと短気なせいか、私から見ると些細《ささい》なことを、いきなりアクセル全開で叱っているように感じるのです。「いいかげんにしなさい！」「そんな子は捨てちゃうわよ！」「もう、あんたなんかうちの子じゃない」と、情け容赦なく、子どもを追い詰めるように叱ります。私はつい子どもがかわいそうになり、「まあまあ」ととりなし、シェルター役になってしまっています。それがまた、「あ

なただけおいしい思いをしている」と、彼女のイライラを募らせるようです。

　両親二人ともから怒られるのでは子どもがかわいそうですが、父親と母親で叱り方が違いすぎると、今度は子どもが混乱しないでしょうか？　私自身も、「やさしい父親」ではなく「威厳のある父親」であるべきではないかという悩みもあります。父親と母親とで、どういう叱り方をすればベストなのでしょうか。

A　まあまあ、なんて健康的でストレートな奥様でしょう！　いいじゃありませんか。あなたの目からはアクセル全開で追い詰めているように見えるかもしれませんが、お子さんとの関係は安定しているんじゃありませんか？　なぜなら、こうしたお母さんは子どもにはとってもわかりやすいお母さんだからです。怒られている間は子ども同士肩を寄せ合い、嵐が過ぎたらそれでおしまい。お父さんがシェルターになっているのなら、なおのことといいですね。あとは、お父さんがどこかでお母さんの不満や愚痴の聞き役になってあげることです。父親と母親の意見や怒る基準が違っていても、別に問題ありません。そんなことで子どもは混乱したりしませんよ。どっちかが追い詰めたらどっちかが助ける。今のままでベストバランスです。

母親の悩み

いつも遊びに来る娘の友だちに困っています

Q

二歳八カ月になる娘がいます。娘の遊び友だちについて対応に困っていることがあります。

その子は近所に住む同じ年ごろの女の子で、その子も、お母さんもとてもいい人です。娘もその子と遊んでいるときが一番楽しそうなのですが、問題は、公園で遊んで帰るときです。お別れしようとすると、その子が必ず「もっと遊びたい」「○○ちゃん（うちの娘）の家に行きたい」と言って泣くのです。お母さんもいま、妊娠されていて大変そうなので、お手伝いするつもりもあって家に招いていたのですが、会うたびにうちに来ることになるので、

最近辛くなってきました。何度か断ってみたのですが、うちに来られないとその子は三十分も一時間も泣き続けているそうで、申し訳ない気がしてなかなか断れません。それにお母さんのほうも、最近ではすっかり私を頼りにされている感じがします。

会うとまた泣かれ、うちに招くのかと思うと気が重くなり、このところ公園に行くのもイヤになってきました。別に、その子も、そのお母さんも嫌いではないし、これからも仲よくつきあっていきたいのです。どうすれば波風立てず、うまくつきあいをつづけられるでしょうか？

A 妊娠しているお母さんとふたりで家にいても物足りないし、公園で遊んだあとはお宅で遊ぶというのがその子のご機嫌なコースになってしまったのね。でも、あなたが苦痛なら、「ごめん。今日はダメ」と言いましょう。このくらいの年齢は、自分の思うようにならなかったら、泣きます。ひっくり返ります。でも、そこで負けない！　時間がかかっても、泣くことで気持ちを切り換えますから大丈夫。これから出産を控えていることを考えると、大好きな友だちや、安心できるあなたの家があることはその親子にとって大事なことですから、無理をしないおつきあいが大切です。

母親の悩み

夫べったりの甘えっ子です

Q 四歳の娘と、夫のことで悩んでいます。

夫は、それはそれは子煩悩。娘が生まれたときから本当にかわいがり、よく世話もしてくれて、子どももお父さんが大好き。「うちはなんて幸せな家庭だろう」とずっと思ってきました。でも、子どももう四歳になり、夫の態度に不安を感じはじめました。なぜなら、夫はとにかく甘い！　のです。

私は小さいうちからでもちゃんと自分のことを自分でできるようになってほしいと思い、厳しく育ててきました。娘も普段は着替えや食事、幼稚園の用意などキチンとこなします。幼稚園の先生も、「自分でなんでもできるいい子です」とほめてくださいます。ところが、夫が休みとなると、娘は何もしない、超甘えっ子に変身してしまうのです。ごはんは「あ〜ん」をして食べさせてもらう、トイレに行ったらふいてもらう、服は着せてもらうし、外出すればずっと夫が抱っこ……。夫はそれがうれしいようで、ニコニコ笑顔ですべてのわがままをきいています。一度、「あんまり甘やかすと自立できなくなるから、何でも言うことを聞かないで」と言ったところ、逆に「お前みたいに口うるさく育てていたら子どもがかわいそうだ！」と言い返されました。

私は娘が自立していると思っていましたが、私がガミガミ言うから仕方なく動いているだけなのでしょうか？　だからこそ、休日、あんなに夫に甘えるのでしょうか？　ただ言うことを聞いて甘やかすだけなんて、子どものためにならないと思うのですが……。

A

あらら、お父さんはいい役回り、あなたは損な役回りなようで、なんだか腹立たしいってところですね。でも、子どもをわずらわしいと思わないお父さんなんて、すばらしいじゃないですか。いっそのこと、お休みの日はすっかりお父さんに任せてしまえばいいんじゃない？　娘さんも、普段は自分でできているのだから、休日に多少（？）甘やかしたくらいでできなくなることはありませんよ。子どもに対してのかわいがり方は人さまざま。お父さんのやり方もひとつだし、あなたのやり方もひとつ。いずれ娘さんも、お父さんから自立していくときが来ますから。

母親の悩み

すっかり育児に疲れてます。このままでは虐待するかも……

Q

二歳半の娘と夫と三人で暮らしています。いま、本当にツラくて、愚痴のような相談ですが聞いてください。

私は一年間の育児休暇のあと、娘を一歳から保育園に預けて、九時から十八時までフルタイムで働いています。夫の帰りは毎日夜中の十二時過ぎで、平日の育児・家事への協力は望めない状況です。仕事を終えると急いで保育園へお迎えに行き、食事の仕度をし、食べさせ、お風呂《ふろ》に入れ……と、毎日バタバタと時間に追われ、子どもの相手をしてあげる余裕などありません。九時には寝かしつけたいのに、気づくと十時、十一時……。たった二歳の子を相手に「早くして!」と怒鳴り散らし、泣いても冷たい態度をとってしまいます。いまのところ手をあげることはありませんが、このままではいつかそうしてしまうのではないかと心配です。

夫に相談すると、「もっと大変な状況でも、ちゃんと育てている人はいっぱいいるぞ。甘えるな」と言われ、もう愚痴をこぼすこともできません。同じ職場にも、働きながらちゃんと子育てしている人がいるのも知っています。二歳の子を怒鳴るのは、八つ当たりでしかないのもわかっています。私の要領が悪いだけですか？　もうすっかり疲れ果ててしまいました……。

A　よくやっているわよ。あなたは偉い！　もっとがんばっている人がいるとか、甘えるなとか、そんなきれいごとを並べても、育児はしんどくなるだけです。上を見るのはやめましょう。ごはんを食べさせている、お風呂に入れている、寝かせている、保育園にも毎日連れていっている……もう十分じゃありませんか。おまけに子どもを叩かない理性も持っている。あなたはすばらしい！　家事も育児も、完璧《かんぺき》を望まないことです。「いい加減」は「良い加減」と書くんですよ。省けるところは省いて、あなたらしい育児を見つけていきましょうね。愚痴は、前に進むためのいいエネルギーになります。愚痴を聞いてくれる人を見つけて、大いに吐いてください。

第3章

それでも叱ってしまうお母さんへ

1 子どもに任せてもいいじゃない

大人が判断したほうがスムーズ？

「りんごの木」の子どもたちを連れて、ザリガニ釣りに行ったときのことです。糸の先にスルメを結んで、小川にたらします。四歳のしんぺいくんも、ザリガニのいる穴をめがけて、糸をたらします。すると、ザリガニがスルメに食いついてきました。でも、持ち上げようとするとザリガニはスルメを離してしまい、釣り上げることができません。何度も失敗していると、五歳のひろきくんが寄ってきて、

「手でつかんじゃえば？」

と言います。でも、しんぺいくんは手でつかむことができずに躊躇《ちゅうちょ》しています。

すると、

「じゃあ、おれがつかんでやろうか?」

とひろきくんが聞きます。もう帰る時間になっています。とうとう、しんぺいくんは、

「う、うん」

と同意してしまいました。すると、ひろきくんはひょいっとザリガニをつかんで、バケツに入れてしまいました。

「りんごの木」に帰る途中、ザリガニが脱皮を始めました。脱皮が何かがわからない四歳児たちは、ザリガニが二匹になったと大騒ぎです。

ここまでは、何ということのない、ほのぼのとした光景です。でも、事件は、「りんごの木」に戻ってから起こりました。

子どもの一人が、

「あいこさん、たいへんだ! しんぺいとひろきが、どっちがザリガニを持って帰るかでけんかして、しんぺいが泣いてるよ!」

と呼びにきました。ひろきくんとしんぺいくんのもとに行くと、二人がバケツを前に向かい合っていて、周りにとりまきがいっぱいいます。私がどうしたのかを聞くと、「ひろきが、『おれがザリガニをつかまえたんだから、おれが持って帰る、しんぺいは脱皮したカラを持っていけ』って言うんだ」

と周りの子どもが教えてくれました。

「そうかあ、二人とも持って帰りたいんだよね。困ったね。どうしたらいいんだろう」

と私も途方に暮れて周りの子どもたちに聞きました。すると、みんながいろいろ案を考えてくれました。

①しんぺいが見つけたんだから、しんぺいのもの

②ひろきがつかまえたんだから、ひろきのもの

③二人とも持って帰りたいんだから、一日おきに持って帰ればいい

④もとの小川に返す

⑤じゃんけんで決める

⑥ひろきのほうが年上だから、ひろきががまんする

⑦最後まで話し合う

じつにたくさんの意見が出ました。大人では、これだけの意見は出て来ないでしょう。このことがあった直後に、保護者の集まりで、お母さんならどうするか聞いてみましたが、「二人のものとして、飼育させる」「じゃんけんをさせる」「もとの小川に返させる」と、大人が一つの判断を下して、それに従わせようとする発言が気になりました。いくつかの案は出しても、決めるのは子どもに任せてみたらどうでしょうか。子どもが当事者なのですから。

子どもに任せると、子どものドラマが見えてくる

私は二人に、出てきた案のなかからどれにするか聞いてみると、「最後まで話し合う」を選択しました。そこで、二人と、傍観役として保育者一人が和室のなかに入って話し合いを始めました。

しばらくして、三人が出てきました。二人とも涙顔で、

「このザリガニは、もといた場所に返してくる。今度は、最初から最後まで自分でとる」

と話しました。同席した保育者に聞いてみると、

「ずっと睨《にら》み合いが続いてたんですが、途中でしんぺいくんが『もう、いいや。ひろきにあげる』と言い出したんです。そうしたら、年上のひろきくんが『しんぺいに言われて、持っていくわけにいかない』って言ったんですよ。だから、このザリガニはもとの場所に逃がして、今度は最初から最後まで自分でとるってことになったんです」

とのことでした。その後、しんぺいくんはザリガニをつかむ練習をはじめたそうです。お母さんがしんぺいくんに、なぜひろきくんにあげると言ったのか聞いたら、

「だって、話してたら、ひろきの顔が変わってきたんだもん」

と言ったそうです。ひろきくんがどうしてもほしいと思っていることを、表情から読み取ったのでしょう。

子どもって、言葉だけではなく、表情でも会話できるんです。ひろきくんがどんなにザリガニがほしいか、これ以上がんばってもだめだ、としんぺいくんはひろきくんの顔を見て悟ったんです。これは、大人に言われたからではなく、ひろきくんの顔色を見て自分で判断したことです。

いろんなことを子どもに任せると、子どものなかのドラマが見えてきます。子どもの心のなかがどんなふうに動いているか、知恵を発揮しているかがわかって、感動し

ます。大人は、「私たちが何とかしなきゃ」と思うあまり、子どものドラマを見えなくしている。それは、とても損をしていると思います。

お母さんの前では自由になれない子どもたち

以前、みんなでプールに行ったときのことです。まひろちゃんという女の子がプールの浅いところで練習していました。「泳げるようになりたい」という表情や仕草が見えたので、私はまひろちゃんを深いところにさそって、いっしょに練習することにしました。

「まひろ、浮き袋をつけてると泳げないから、はずしてみたら」

と私が言うと、浮き袋をはずして練習をはじめました。最初は顔を上げたまま、私の手を持ってバチャバチャやっていたのですが、

「まひろ、これで顔を水につけたら、『浮く』ってことなんだよ。やってみる?」

と言うと、まひろちゃんは「ううん」と首を横に振って、浅いところに戻っていきました。見ていると、浅いところで必死に顔をつける練習をしています。プールの浅いところは、子どもでも膝《ひざ》までくらいしか水がありません。

まひろちゃんは、ワニのようにはいつくばって顔をつけていましたが、そのうちふっと体が浮いたのです。「浮いた」とまひろちゃんは感じたのでしょう。深いところにいる私のもとに戻ってきました。それから、あっという間に、まひろちゃんは泳げるようになったのです。そうすれば、どんどん水となかよくなっていきます。バタ足やクロールとかではなく、潜ったり、ぐるぐる回ったり、水のなかで自由に遊んでいます。たった二時間しか経っていないのに、「あいこさん、私をプールのなかにポーンと投げて！」なんて言うくらい大胆になりました。

数日後、お母さんを呼んで水が大好きになったまひろちゃんを見てもらおうとしたのですが、プールサイドのお母さんの前ではなぜか、まひろちゃんはバタ足で泳ごうとします。水のなかで自由になったまひろちゃんではないのです。まひろちゃんのお母さんは、決して評価をする人ではありません。でも、まひろちゃんはちゃんと泳げるところを見せようとしたのです。

それを見て、子どもは無意識かもしれませんが、お母さんに世間的な評価の通用する自分、親の評価に値する自分を見せようとしてしまうのだ、と私は思いました。子どもにとっては、親だからこそ見せられない自分、親だからこそ見せたい自分があるのです。その気持ちによいも悪いもありません。それが子ども心なのです。

子どもは試行錯誤をすることで成長する

習いごとも多様化して、小さいうちからスイミングスクールに通っている子どももたくさんいます。「あら、泳ぎが上手ねえ」と言うと、「うん、スイミングスクールに通っているから」と答える子がいます。最近では、木登りのスクールまであるそうです。でも、それは楽しんで体験をしているというよりは、言われたとおりにやっていると上達するということで、〝自慢〟にはなっても〝自信〟にはならないと思います。

プロに任せれば短時間でできるようになるかもしれませんが、子どもの心の輝きを奪っているかもしれません。困らないようにしてあげよう、いちおうできていたほうがいい、と親が心配して、ていねいにフォローすることは、かえって、できなかったことができるようになる本当の喜びを奪っているのではないでしょうか。本人が「やりたい」という気持ちになって、あらゆる知恵と経験を掘り起こし、ときには周囲を観察し、勇気を持って一歩を踏み出す。そして、試行錯誤しながら挑戦を続けることで達成感、充実感が生まれます。プロに任せて、効率よくあるレベルまで導いてしまうことが自分の子どもに必要なのかどうか、考えてみてほしいのです。

2 子どもの気持ちに寄り添ってみる

子どもがグズグズするのはなぜ？

朝、服を着替えるときなど、子どもがいつもならすぐにやってしまうことでも、グズグズして、なかなか動こうとしないことがよくあります。そんなときお母さんは、「何をグズグズしているの！　早くしなさい！」と叱《しか》ってしまいがちです。

こんなときでも、いきなり叱ってしまうのではなく、ちょっと子どもの立場に立ってみましょう。子どもがグズグズしてしまうのには、ちゃんとした理由があるのです。

たとえば、「今日のお母さん、いつもと様子が違う」「香水のにおいがする」「どこかに出かけるみたい」「どこに出かけるのかわからないからイヤだなあ」等々……。子どもは、いつもと違う何かを感じ取ってしまうのです。そこで、「私のこと忘れてない？」「私はどうなるの？」といった子どもなりの不安感が〝グズグズ〟という態度に出ることがあります。ほかにも、「今日は幼稚園に行くのがいやだなあ」とか、「昨日友だちとけんかしたから、会うのが気まずいなあ」といったことかもしれません。つまり、一つのサインなのです。

それなのに、「何をグズグズしているの！」「どうしてグズグズするの？」と言ったところで、子どもは気乗りしていないのですから、テキパキ動くようになったりはしません。

原因を追及してもはじまらない

こんなとき、「どうして？」と原因を追及しても、子ども自身も漠然とした不安感がそうさせるのですから、結局何が原因かはわからないことが多いのです。原因がわからないまま「どうして？」にはまってしまうと、空回りして、時間が無駄に過ぎてしまいます。

では、どうすればいいのでしょうか？

「何をグズグズしているの！」

とガミガミ怒鳴る前に、

「今日はグズグズさんだねえ。グズグズさんだと時間がかかるから、私が着替えさせてあげますね」

と言って、お母さんが着替えさせてあげればいいのです。そして子どもを抱えて出かけてしまえばいいのです。

もう少し大きい子の例で考えてみましょう。たとえば、友だちとのけんかが原因で、子どもに元気がなかったとします。でも、子どもにだってプライドがあるのです。いやなことがあっても、お母さんに何とかしてほしいとは思っていません。むしろ自分の心のなかに、お母さんが土足で上がり込んでくることのほうがいやなのです。相手の子に「うちの子にいじわるしないでね」などと言って解決できるのは、せいぜい子どもが三歳くらいまでで、子どもが五～六歳になったら、親が割り込んで相手に言い聞かせることは、そのときは解決したかのように見えても、当人同士で仲直りする気力をそいでしまったり、かえってぎくしゃくした関係になってしまいます。

原因追及して、子どもに代わって解決して、子どもに力がつくということはほとんどありません。子どもの気持ちをわかってあげて、子どもに解決方法を伝えることで十分なのではないでしょうか。たとえば、子どもがいじめられたと訴えてきたら、「そうなの？　その子、いやな子だねえ」と言って、子どもの気が晴れてきたら、「どうすればいいかなあ」といっしょに考えてみればいいのです。「お母さんが出ていって、叱ってあげる」なんて言っても、子どもは「いい」と言うだけです。

中学生たちに、

「なんで、いじめられたり、けんかしたときに、お母さんやお父さんに言わないの？」

と聞いたことがあります。ある子どもの答えはこうでした。

「親は動きがでかすぎる」

つまり、親に話すと、すぐ先生や相手のところに行ってしまう。それは子どもにとって、かえって困ることなのです。親が出ていくと、影響が大きすぎて、あとのわだかまりも大きくなりますし、親同士の関係がぎくしゃくして、なかなか回復できません。子どもが小さいうちのけんかやいじめは、子ども同士で解決したほうがあとくされがないのです。

楽しそうなら「楽しそうだね」、悲しそうなら「悲しいんだね」

子どもは、その時々の気持ちを顔や態度に表します。楽しいときは楽しい顔を、悲しいときは悲しい顔をします。自分の子どもをちゃんと見ていれば、親のカンも働いて、子どものいまの気持ちがわかるのです。だから、楽しそうなら「楽しそうだね」、悲しそうなら「悲しいんだね」と、声に出して子どもに問いかけてみましょう。それだけで子どもは、お母さんが自分の気持ちをわかってくれたと感じます。

私は「子どもの心に添う」ということを、自分の子育て論の柱にしています。お母さんは、周囲の大人の意見を聞き、専門家の話を聞き、育児書を読んで子育てをしていることが多いと思います。でも、それで大人がどう考えているかはわかっても、わが子がどう考えているか、感じているかは、わからないのです。

大事なのは、「子どもの心に添うことで、わが子の心をのぞいてみる」ということです。そのためには、「こんなとき子どもはどう思っているか」を察して、それを口に出して子どもに言ってみることです。

たとえば、子どもが洗面所を水浸しにして遊んでいたとします。たいていのお母さんは、「やめなさい！　床が水浸しじゃない！」と頭ごなしに叱ってしまいがちです。でも、ちょっと気を落ち着かせて、子どもを見てください。もし、子どもが楽しそうにしていたら、「わあ、楽しいのね」と言ってみるのです。そうすれば、子どもが何を感じているかが見えてきます。そのあとに、「でも、床が水浸しだから、ちゃんとぞうきんを持ってきて拭《ふ》くのよ」と言って、後片づけをさせればいいんです。

また、人は大人になると、口に出す言葉でしか相手の気持ちをわかろうとしなくなります。たとえば、子どもが何か悲しそうにしていたとき、大人はすぐ、「何があったの？」と聞きます。何があったのかと根掘り葉掘り事情を聞いたうえで、何とかしてあげよう、というスタンスです。でも漠然と悲しいこともあれば、何がどう悲しいか説明できないときもあります。何とかしてもらおうと思っていないこともあるのです。だから、そんなときには、「あら、何か悲しいことがあったのね」と、子どもの気持ちを見るようにすればいいのです。

ある日、「りんごの木」に通う三歳の子を連れて外に出たときのことです。その子はちょこちょこと道を走り出したので、

「あぶないよ、転んじゃうよ」と声をかけたのです。

案の定、その子は転んだのですが、そのときにふと、「この子はどう感じたかしら」と思いました。そう、痛いに決まっています。そこで、

「あら、痛かったわねえ」

と声をかけました。

普通ならお母さんは「だから言ったじゃない」とか、「痛くない！　さっさと立ちなさい」とか言いますね。たまに「あら、大丈夫？」と言うお母さんがいるくらいでしょう。町で見ていると「痛かったね」と言う人はほとんどいません。

でも普通、肉体的・精神的に痛みを感じた人は、誰かに寄り添ってもらいたいのです。子どもは抱きしめると、落ち着いてく

るものです。「泣かないの！」と言われると、痛さが倍増したようによけい泣き出したりします。

寄り添ってくれる人がいると、人は元気になれる

このように、子どもの心に寄り添うことを意識していれば、子どものことがよく見えてくるほかに、子どもとの関係がよくなってくるのです。たとえば、お母さんが料理をしていて、包丁で指を切ったとします。それを見ていた子どもに、「ぼ〜っとしてるからだよ」とか、「よそ見しながら切ってるからだよ」と言われたら、いい気はしないものです。でも、子どもが「痛かった？ 血が出てるよ」とか、「ばんそうこう持ってきてあげる」と言ってくれたら、お母さんもうれしいでしょう？ 大人も子どもも同じです。何かがあったとき、そばに寄り添ってくれる人がいると、人というのは元気になれるのです。

また、たとえば公園などで子ども同士がものの取り合いをして、自分の子どもが別の子のものを取り上げて、その子に叩《たた》かれたとしましょう。子どもが泣きながらお母さんのもとに帰ってきたとき、お母さんはどうしますか？

「あの子のものをあなた取ったでしょう。だから叩かれたのよ」と、解説を始めるお母さんがいます。なかには、「男の子でしょう。泣かないの」とか、「叩くなんてひどいね。ちょっとお母さんが叱ってきてあげる」というお母さんもいます。

でも、「そうか、取ったから叩かれたのか」とか、「あ、ぼくは男だった」と納得する子どもなんていませんし、ましてや叩いた子のもとへお母さんが出て行くのは子どもにとって逆に迷惑なのです。たいてい何かあって泣きながらお母さんのもとに帰ってくる子どもは、大好きなお母さんに保護されたいだけなのです。「あらあら、けんかになっちゃったね」と言って、膝《ひざ》の上に抱いていれば、子どもというのはすぐ元気になって、またさっきの場所に戻っていきます。寄り添ってくれる人がいることで、本来の自分を取り戻すことができるのです。

親は子どもに何かしてあげようなんて思わないで

先日、ある小学校のＰＴＡの方から、

「子どもの話に耳を傾けたいと思っています。どうしたらいいですか？」

と質問を受けました。子どもと向き合って、「あなた、このごろどうしてるの？」なんて言ったって、答える子どもなんていやしません。子どもの話に耳を傾けたいと思ったら、表情、歩き方、背筋の伸び方、ご飯の食べ方など、その子の体から発する話に耳を傾けましょう。そして、ちょっと辛《つら》そうだ、疲れていそうだと感じたら、少し優しくしてあげてほしいのです。

普通、親はどうしても訳を知りたがって、助けてあげようとします。だけど、子どもは子どもでちゃんと生きているので、自分でなんとかしようと思っているのです。そのとき、ちょっと子どもに寄り添ってあげると、もし自分では背負い切れないものがあったとき、自分から「あのね」と話し出します。子どもは心と体が温《ぬく》もると、自分からポロッと本音を出してくれるのです。

親は、子どもに何かしてあげようと思わないでください。親は、子どもが安心してご飯が食べられる場所、安心して逃げて帰ってこられる場所をつくっていればそれでいいのです。

先ほどの子どもが転んだときの話でも、他人の子どもが転んだときは、「大丈夫?」と言うのですが、なぜか自分の子どもが転んだときは、「だから言ったでしょう!」となるのです。それは親が、自分の子どもに対して絶対的な権限を持っていること、無

意識に自分の付属物的感覚を持っているからではないでしょうか。
　さらに、自分の子どもに、「何があっても、自分の力で立ち上がるたくましさを持ってほしい」という親心も見えます。
　それが親の考える「子ども像」かもしれません。つまり、親だからこそのおごりと願い、愛情の表れです。でも、それに対して子どもは、「ありがたい」と思いながらも、「重い」と感じているのです。
「ありがたい」というレベルでとどめ、親心もほどほどにしておかないといけません。

3 子どもにはちゃんと育つ力がそなわっている

周りに合わせると、自分が苦しくなる

私がお母さん方からよく受ける質問のなかに、こんなものがあります。

「どんな子どもとでも遊べる子にするには、どうすればいいですか?」

「みんなといっしょにできないんです。大丈夫でしょうか」

そんなとき、質問してきたお母さんに私は聞き返します。

「どうしてそういう子どもにしたいのですか?」

すると、お母さんは必ず、

「そのほうが得だし、人からも好かれるし」

「ほかの子と違うと、この子が仲間はずれにされたり、いじめられたりするかもしれないじゃないですか」

と言います。平均的で大人に好感を持たれるいい子を望んでいるということでしょう。結局、お母さん自身が子どものころからそのように育てられてきたのだろうと思います。

こんな話があります。

あるお母さんが引っ越してこられたばかりのころ、近所のお母さん方と公園でいっしょにいることが苦痛に感じられたそうです。

ある日、友だちのお母さんに、

「おたくはどうしてガチャガチャ(カプセルトイ販売機)をやらないの？　ガチャガチャは楽しいし、子どもも喜ぶわよ」

と言われたのですが、彼女は、

「私は子どもにガチャガチャをさせたくない」

と思っていました。そんなことが何回かあり、彼女はどんどん周囲からずれていったのです。しかし、彼女はこのお母さん方から離れると、友だちが一人もいなくなると悩んでいました。彼女に友だちがいなくなるだけならともかく、子どもに友だちがいなくなるのが耐えられなかったのでしょう。三日三晩泣いて決心をし、翌日から子どもと二人だけの散歩を始めたそうです。

やがて彼女は子どもを連れて、「りんごの木」に通うようになりました。『『人はみんな違う』ということを前提に、各々が正々堂々と自分の思いを言いながら、それでも友だちになれる集団があるんだ」と感動し、ほっとしたそうです。そして、「ここでの友だちは一生の友だち」と言っています。

お母さんたちが子どものころに育ってきた環境では、少しでも人と違うとシカト（無視）されたり、いじめられたりしたことが多いようです。

仲間はずれにされるのがいやで、周りと合わせるという人はたくさんいらっしゃるのではないでしょうか。私は、お母さんが子どものころに学校教育のなかで受けてきた、「みんな仲よく、みんないっしょに」ということが、いまの子育てに結びついていると思うのです。

でも、ちょっと立ち止まって胸に手を当ててみてください。「自分を殺して、ほかの人と合わせる人生」がいいのか、「ちょっとたいへんでも、自分の信じた人生を貫く」ほうがいいのか。私は、「自分の人生の主役は自分以外にいない」と言いたいのです。

でも、もし自分を貫いて一人ぼっちになったら、どうすればいいのでしょう。やはり、基本は「一人遊び」だと思います。仲間はずれにされないために人にこびるのではなくて、一人でも安心していられる「自分を持つ」ことが大事なのではないでしょうか。それは、一人の孤独感を引き受けられる人になる、ということでもあるでしょう。

友だちは百人もいりません。うわべでつき合うだけの友だちが百人いたって、何の役にも立たないのです。それよりも、親も子も本当にいっしょにいて心地よいと思える友だちが何人かいれば、それでいいのです。お母さん方も、一人でいる時間、家族といっしょにいる時間を大事にして、たまに友だちと会って話をする時間が持てれば十分なのではないでしょうか。

一人で過ごす時間を大切にしよう

以前、こんな話がありました。

「りんごの木」に通うひろきくんが、カマキリをつかまえてきました。

「あいこさん、虫かご貸して」

ところが、あいにく置いてある虫かごには、すでに別の虫が入っています。別の子が持っていたかごを借りようとすると、ひろきくんは、

「ぼく、自分だけの虫かごにしたいの。借りるのはいやだ」

と言います。しかたがないので、お茶が入っていた紙箱をあげると、ひろきくんは、その箱にプスプスと空気穴を開け、切り込みを入れてドアのように細工をして、虫かごをつくりました。

次にひろきくんは、草と木の枝を入れたいと言います。私もいっしょになって、外に出かけました。

枯れ草はすぐに見つかりましたが、ちょうどいい太さの枝がなかなか見つかりません。細い枝を見つけて箱に入れてみましたが、カマキリが枝にぶら下がっています。

「だめだ、カマキリが乗っかれるような太い枝にしないと」

ひろきくんはまた必死になって枝を探しています。しばらくして、ちょうどいい太さの枝を見つけましたが、今度は長すぎて箱に入りません。枝を切るか、箱に穴を開けて枝を通すか……。すると、ひろきくんが何かを思いついたように言います。

「そうだ！　もっと大きな箱ない？」

発想の転換です。「りんごの木」にちょうどいい大きさの段ボール箱があったので、ひろきくんにあげました。今度は、枝もちゃんと箱のなかに入ります。ひろきくんは、その箱にカマキリと枯れ葉を入れ替えました。

「土を入れたほうがいいかなあ」

「ここに小さい箱を置いてみたらどうかな」

部屋に戻ってからも、ひろきくんはカマキリが気になるのか、ちょっと箱を開けてカマキリを触っては箱を閉め、また一分もたたないうちに箱を開けてカマキリを触っています。

「今日、お母さん、車で来たらいいのになあ。自転車だったらこの箱を持って帰れないもん」

思いが通じたのか、ひろきくんのお母さんは車で迎えに来ました。

結局、ひろきくんはこの日一日、ずっと一人で遊んでいました。だけど、とても充実した一日だったにちがいありません。一人でいたからこそ、自分の思うとおり、ゆったりとした「子どもの時間」を過ごすことができたのです。誰と遊んだとか、何をして遊んだとかが大事なのではありません。

「せっかく幼稚園に行ってるのに、一人で遊ぶことはないでしょう」と思われるお母さんもいらっしゃるかもしれません。でも、一人でたっぷり過ごす豊かさだってあるのです。

子育てに平均的なものさしなんてない

お母さんが子どもに寄り添ってみると、子どもには一人ひとりちゃんと育つ力がそなわっている、ということがわかります。お母さんが気づかないうちに、子どもはちゃんと大きくなっているのです。

たとえば、子どもの言葉が遅いという相談を受けることがあります。

「周りの子どもはちゃんと言葉を話しているのに、うちの子はまだ言葉を話さない。

これはおかしいのではないでしょうか」

そのほかの部分で子どもの心身の発達が順調であれば、私は「もう少し様子を見ましょう」と言います。

私がいままで経験したなかで、いちばん言葉が遅かった例は四歳です。でも、普通、はじめて話す言葉というと、「ママ」とか「マンマ」とかの一語文なのですが、その子が四歳ではじめて発した言葉は、「これ貸して」でした。そして、それからは堰《せき》を切ったようにしゃべる、しゃべる。

たぶん、その子ははじめて言葉を発する前に、周囲の会話をじっくり聞いていたのでしょう。頭のなかではちゃんと言葉を学習していたのです。だからこそ、いきなり「これ貸して」という意思表示の言葉を発したのです。

「ママ」から始まって、少しずついろんな言葉を発する子どものように、一歩一歩を少しずつ進みだす子もいれば、この子のようにじっくり時間をかけて観察し、それから大きな一歩を踏み出す子もいます。生まれてからのいままでの年月の間に、人が感じること、学んでいく量はみんな同じなのです。感じたことをすぐ表に出す子と、感じたことを積み重ねていって、ある程度たまってから出す子がいるのです。スタートが遅いから遅れるということはなく、スタートが遅れても、それまでに蓄積したものは同じだけあるのです。

一般に広がっている情報を平均的なものさしとして、わが子を測って一喜一憂していませんか？　わが子にはわが子のものさしがあるのです。ひと目盛り伸びていくたびに喜んでいきましょう。

勝手な子ども観は捨てましょう

つい先日、あるお母さんからこんな相談を受けました。そのお母さんは、

「うちの子は、どろ遊びをしないのです。ほかにも手が汚れると、すぐ拭《ふ》いたり洗ったりして、いつも手はきれいなんです。でも、子どもってそういうものじゃないですよね。うちの子は変なのでしょうか？」

とわが子の神経質さを心配されていたのです。そこで私は言いました。

「どろを見て、わあきれいなんて言う子は誰もいませんよ。どろは汚いのです」

どろを汚いと思うのは正常なのです。どろ遊びをしない子が正常ではないということはありません。どろ遊びをする子どもは、どろ遊びが楽しいから、汚いということ

を乗り越えて、気にならなくなっているのです。でも、それを乗り越えられない子どもがいても、不思議でも何でもありません。
子どもだって十人十色なのです。しかし、このお母さんのように、「子どもってこういうものなはずだ」という固定観念に縛られているお母さんが最近多いように思います。「男の子なのに」「女の子なのに」という言葉もよく聞かれます。
でもそれは、大人が勝手につくり上げた「子ども観」にほかなりません。
以前、私のところに、「私の子どもが、三歳になるのに親離れできないのです」と相談に来られたお母さんがいました。三歳で親離れをしている子どもなんているわけがないのに、「こうでなければいけない」「こうしないといけない」と半ば強迫観念のようになっているのです。

また、こんな話もありました。あるお母さんからの質問です。

「うちの子にはお友だちがいないから、お友だちをつくってあげたいと思って公園に連れて行ったんだけど、同年代で、同性で、家族構成の同じ人がいないんです。どうすればいいんでしょう？」

私は、それを聞いてあきれてしまいました。お母さんが子どものころから、ずっと横並びで育ってきたからか、年の違うお友だちと遊んだという経験がないのでしょう。お友だちは同年代というイメージしか持てないのです。

この際、「こうでなければ……」「こうしなければ……」といった、大人が勝手に抱いている子ども観を捨ててみてください。

どうでもいいことまでも、理想に近づけようとしないで

大人が勝手につくり上げた「子ども観」や「ものさし」の多くは、子どもの発育にはまったく関係のない、どうでもいいことだったりします。

私がお母さん方に、「子どもにいくら言っても直らないこと」は何かを聞いてみたら、あるお母さんがこんなことを言いました。

「いつも、ごろんと寝転がってテレビを見ているんです」

「あなた、そんなことまでいちいち叱っているの？」

と言うと、そのお母さんは、

「はい。でも、いくら言っても、ちっとも座って見るようにならないんです」

と言います。そこで、私は聞いてみました。

「あなたの家では、お父さんもそうしてテレビを見ているんでしょ？」

するとそのお母さんは、そうですと答えました。私が、

「だったら、お父さんに言って。お父さんが直ったら、子どもも直るかもよ」

と言うと、別のお母さんが、

「私も子どもに、同じことを言うんです。横になってテレビを見たら目が悪くなるし、よそのお家でそんなことをやったら、親の教育がなっていないと思われるだろうし……」

と言うんです。でも、子どもも五歳くらいになれば、よその家で寝転がってテレビ

を見ていいかどうかくらい、自然と判断できるようになります。いちいちそんなことでガミガミ言っていたら、一日中叱っていないといけなくなるでしょう。

きちんと座っておとなしくテレビを見ている子、行儀よく食事ができる子、公園ではみんなと仲よく遊ぶ子……。親は理想の子どもに少しでも近づけようとして、細かいことまでガミガミと言っているのです。言われ続けている子どもが、ちょっとかわいそうに思います。

子どもを信じてみませんか

親の理想に近づけようと必死になっているお母さん、ちょっと自分を振り返って考えてみてください。いまの自分があるのは、親に育てられたからということだけでしょうか？　中学生くらいには、もう自分で生きていると思っていませんでしたか？

親の影響は受けても、親につくられた自分だなんて思ってはいないでしょう。親だけが自分をつくっていたわけではないし、親が意図したとおりに自分自身が形成されてきたわけでもありません。

そこで言いたいのは、お母さん自身がそれでここまで生きているのですから、子どもだってお母さんがあれこれ手をかけなくても大丈夫ですよ、ということです。

私の子どものころの話です。私は、中学校くらいまでおとなしく、外ではあまりしゃべらない子どもでした。それが高校生になって急におしゃべりになったのです。でもしゃべらないからといって、何も感じていない、考えていないというわけではありません。表に出さないだけで、自分のなかで土壌を耕していたのではないかと思います。それは、私なりの育ち方なのであって、親がどうこうしたわけではありません。しいて言えば、親がだまって見守ってくれていたということでしょう。

あるお母さんに、「あなたは子どものころから、初対面の人と話ができた？」と聞くと、できなかったと答えます。そこで、なぜいまは初対面の人と話ができるのかを聞くと、「だって、いろいろありましたもん」と答えました。いろいろあって、人間が育っていくのです。いろいろ手を加えられて人間が育つのではありません。

お母さんだって、自分の持つ育つ力によって、ここまで育ったんです。子どもに対して不安を持つのは仕方のないことと思いますが、子どもを信じる以外に道はないのではないでしょうか。

4 がまんできなかったら、思いっきり叱りましょう

叱る前に、前もってよく言い聞かせる

どうしても電車のなかで騒ぐのをやめさせたい、スーパーやお店の商品をべたべた触るのをやめさせたい、などと思っているお母さんは多いと思います。人に迷惑をかけないという社会の大前提を教えなきゃいけないと考えるなら、それも尊重されるべきでしょう。

三歳前後でしたら、電車に乗る前やお店に入る前に、腰を下ろして、子どもと視線を合わせ、両手をにぎって、迫力をもって子どもにしっかりとそのことを伝えましょ

う。

「電車には人がたくさん乗っていて、本を読みたい人もいるし、疲れていて寝たい人もいるんだから、走り回ったり、騒いだりしちゃダメよ。騒いだら降りるからね」

「お店にあるものは、あなたのものじゃなくてお店のものなの。触ったり、汚したりしちゃいけないのよ。もしやったら帰るからね」

「レストランはみんなゆっくり落ち着いて食べたいと思って来ているのよ。騒いだりしたら、帰るわよ」

それでもし守れなかったら、ガミガミ叱るのではなく、お出かけの途中でも、買い物の最中でも、やめて子どもの手を引いて帰りましょう。先に騒いじゃいけないと言っておいたのですから、連れて帰っても理不尽ではありません。

もちろん、これはお母さんにも勇気のいることです。あらかじめ「お店のものを触ったらダメよ」と言い聞かせても、子どもは「は〜い、わかった」と言いますが、結局はお店のものを触ったり、店内で騒いだりするものです。そこでお母さんが「ダメだって言ったでしょう！　ダメでしょう！」とあたふたして、結果「しょうがないわね〜。じゃあ、今日はこれ買ってあげるから」なんてことになってしまいます。途中で買い物をやめて帰ることなんて、なかなかできません。

でも、そこで勇気を出して、厳しく、この場合なら「帰る」ということをしておかないから、ルールが迫力のないものになってしまうのです。迫力のないものは伝えなかったのと同じことですから、子どもには消化されません。本当に周囲に迷惑をかけたくない場所なら、このくらいのことはするほうがいいでしょう。

それでもうまくいかないときは、多少不自由に感じても、子どもが触りたくなるようなもの、ほしがるようなものが置いていない店を選ぶとか、子どもが騒いだらいけないような場所には初めから連れて行かないようにすることです。

もちろん、叱らなきゃいけないときもある

第1章で、なぜ子どもを叱るのか、叱る前にちょっと考えてみましょう、ということをお話しししました。

とは言え、まったく叱らないでいることなんてできませんよね。子どもが何をしても、ニコニコしていられるお母さんなんて、いやしないでしょう。もちろん、ここぞというときには叱らないといけないこともあります。

それは、まず危険をともなうこと。お箸《はし》を持って走ったり、ポケットに尖《とが》った鉛筆を入れていたり、子どもは先を予測できず、平気で危険なことをしてしまいます。けんかも少しけがをする程度ならいいですが、もので殴ったり、刃物なんかを振り回したりするようなら、とことん叱らないといけません。

また、よくあるのが、道路での行動です。

以前、私が車を運転していたときのことです。私の車の前に、補助輪つきの自転車に乗った小さな子どもがいました。私はその子に合わせて、ゆっくりと走らせていたのですが、突然その子のお母さんが出てきて、子どもを道路の端に引き寄せて、ものすごい勢いで叱ったのです。見ると、そのお母さんは外国人でした。

では、日本人のお母さんはどうでしょう。いまの日本のお母さん方は、緊張感がちょっと足りないように感じます。たとえば、親子が手をつないで歩道を歩いているとき、子どもが車道側を歩いているのをよく見かけます。また、車が走っていないからといって横断歩道のないところを渡っている親子もいます。たしかに、大人なら状況判断ができますから、車がぜんぜん走っていない道路で渡っても大丈夫でしょうが、子どもが小さなうちはそのような状況判断ができません。子どもが一人で出かけるとき、どうするのでしょうか。

　自転車でお出かけするお母さんも多いと思いますが、自転車の荷台に子どもを乗せて走るのも考えものです。この場合、子どもの目にはお母さんの背中しか見えませんから、信号を見て渡るとか、横断歩道を渡らないといけないとか、車が来ているか来ていないかといったことがわかりません。ですから、子どもとはなるべく手をつないで歩いて、車道に出ない、横断歩道や歩道橋を渡る、信号を守るという基本をちゃんと教えないといけません。守れないときは、強く叱ってでも守らせましょう。命にかかわることですから。

　次に大事なのは、お金に関することです。お母さんの財布からお金を抜いたりするのは立派な犯罪ですから、何をおいても叱るべきです。子どもは、お金の流通についてよく理解していない面があります。小学一年生くらいになった子どもでも、お母さんが「お金がない」と言うと、「銀行に行ってくれば」と平気で言います。銀行にあるお金は自由に使えると思っているのでしょう。お金を勝手に触らない、持って行かないということは、理屈じゃありません。第1章（36ページ）で、お母さんが鬼の形相で叱るという話をしましたが、こんなときこそ、鬼の形相で叱っておいて、子どもの脳裏にお母さんの怖い顔が浮かぶようにしておく必要があるのです。

親の価値観を伝える

何かにイライラしているわけでも、子どもが周囲に迷惑をかけているわけでもないのに、子どもに対してわれを忘れて怒鳴りつけるように叱っていたり、思わず手が出てしまうことってありませんか?

そういうことがあったときは、ちょっと自分を振り返って、過去にも同じようなことがなかったか考えてみてください。「私って、子どもがこんなことをしたら、有無を言わさず怒る人なんだ」ということに気づくはずです。

そうした「どうにも我慢のならないこと」は、お母さんが子育てをしていくなかで、無意識にとても大事にしていること、つまり「自分の価値観」なのです。

この「どうにも我慢のならないこと」は、人によって違います。私の場合は、子どもが人を差別したり、侮辱《ぶじょく》するようなことをしたら、烈火《れっか》のごとく叱ります。

以前、「りんごの木」の子どもたちが「おかまごっこ」という遊びをやっていたときは、思わず「何やってるの!」と怒鳴ってしまいました。そのとき私は、人を差別したり、侮辱したりするのが耐えられないんだと自覚しました。

また、小さな子どもがリュックにおしっこをかけているのを見たときも、相手がまだ何もわからない小さな子でも、「何やってるの！　人の荷物におしっこなんかかけて！」と、子どもがおびえるほど叱ってしまいました。

でも、これはとても大事なことなのです。人は誰でも、「自分の価値観」というものを持っています。それが世間一般と比べて普通か普通じゃないかということは関係ありません。そして、同じ家に暮らす自分の子どもに対して、親の価値観、その家の価値観を伝えて共有するということは、決して間違いなんかじゃありません。

ごはんを残すことがどうしても許せなかったら、思いっきり叱ってもいいでしょう。お父さんは一家の大黒柱だという意識がお母さんにあって、子どもがお父さんに乱暴な口をきくことが許せなかったら、「お父さんに何て口のききかたをするの！」と叱ったって、それはそれでかまわないのです。

もちろん、それは最小限のことにとどめておくべきなのは、言うまでもありませんが。

5 子どもはお母さんが大好きです

あなたは努力していますか？

よく「子どもを甘やかしちゃいけない」とか、「わがままな子どもにしちゃいけない」と言われます。でも、お母さんもわがままを通したり、自分の思いどおりにしたりしていませんか？

たとえば、子どもが背丈を測ろうとして、家の柱にボールペンで印をつけたとします。たいていのお母さんは、「柱に傷をつけちゃだめ」と言って叱ります。でも、柱に印をつけたことはお母さんも子どものころに経験があるはずですし、いい思い出になっていませんか？　いい思い出というのは、これからの人生において生きる力となります。また、柱に印をつけて、兄弟と比べたり、ちょっと前の自分と比べたりして、親も子どもも成長を喜び合うというのはすごく大事なことなのです。

それを、家が汚れるからとか、建物の資産価値が下がるだとか、大家さんに叱られるだとかは、大人の都合でしかないのです。これは大人のわがままではないでしょうか。「柱と子どもとどちらが大事なの？」と聞きたいくらいです。

もし、どうしても柱に印をつけられるのがいやなら、柱に木やダンボールを貼《は》ればいいんです。努力や工夫を一切しないで、子どもにブレーキをかけることだけに必死になっていることが多いように私には思えます。

親は一歩も引かないで、子どもと折り合おうともせずに、子どもを叱って押さえ込んでいる。ひょっとしたら、わがままなのは大人のほうなのかもしれません。

子どもは大人の顔色を見ています

私はよく、「りんごの木」に通う四、五歳児に、「お母さんって、八つ当たりする？」と聞きます。すると、たいてい「する」と答えるのです。そこで「八つ当たりってなあに？」と聞くと、「あのね。昨日怒らなかったことでも、今日は怒っちゃったりするんだよ」と言います。

また、小学生の子どもたちに「お母さんが疲れているときってわかる？」と聞くと、みんなが「わかる」と言います。続けて「何でわかるの？」と聞くと、「疲れているときは、表情が違うし、声も違うし、怒りっぽい」と言います。では、「そんなとき、あなたはどうするの？」と聞くと、「そんなときは、近づかない」と言います。

中学生くらいになると、何か買ってほしいものがあったときなんかは、お母さんの顔色をうかがって、タイミングをはかるのだそうです。

子どもでもちゃんとお母さんの顔色をうかがっているのです。子どもは、お母さんのことが大好きです。第1章（39ページ）でもお話ししましたが、小さな子どもにとってお母さんは命綱ですから、お母さんのいやがることはやめよう、お母さんの喜ぶことをしたいと思います。そこで、何がお母さんを喜ばせて、何をいやがるかを判断する基準として、お母さんの顔色を見ているのです。

以前、あった話です。「りんごの木」に通う三歳の子どもが、電気がピカピカ光って音が出るおもちゃを持ってきました。そのとき私は、

「ピーピーって電子音、耳障りでいやねえ」

とほかの保育者に話しかけました。別に、その子にどうしてほしいというつもりもありませんでした。さて、その子はどうしたと思いますか？　なんと、おもちゃから電池を抜いたのです。子どもにしてみたら、「せっかく持ってきたので遊びたい。だけど大人がいやがっている」と思ったのでしょう。子どものほうがはるかに上手《うわて》です。

子どもは弱者なので、強者である大人のいやがることを避けながら、ご機嫌をうかがっているのかもしれません。人間というのは、弱者のほうが賢くなるような気がしませんか？

そんなふうに、子どもが行動する基準は、お母さんや大好きな大人が喜ぶか怒るか悲しむかですから、顔色や反応を見るようになります。だから、子どもが小さなうちは、お母さんはできるだけ喜怒哀楽をはっきりしたほうがいいでしょう。

お母さんのなかには、子どもが顔色をうかがっているのをいやがる人もいます。「私が叱ってばかりいるからかしら？」「もっと思うままにやればいいのに」と言います。でも、子どもがお母さんの顔色をうかがうのは、お母さんのことが好きだからです。「お母さんのことが好きだから、お母さんのいやがることはしません、喜んでくれることがしたいのです」という、子どもからお母さんへのメッセージなのです。だから、子どもが顔色をうかがいすぎるのが気になるなら、「大丈夫よ。お母さんは、あなたのことが大好きだから」と言ってあげてください。

子どもを叱ってばかりいるなと思っているのなら、叱ることを少しやめて、叱っているのと同じくらい喜ぶ顔を見せてあげればいいのではないでしょうか。

ちなみに、子どもたちに「お母さんのうれしそうな顔見るの好き?」と聞いてみると、みんな「好き」と答えます。でも、どんなときにうれしそうな顔をするか聞いてみても、答えがなかなか出てきません。挙句の果てに、「電話しているとき」なんて答えが返ってきました。子どもは、お母さんのいい顔よりも、怖い顔ばかり見ているのかもしれません。お母さんは、みんなもっと喜んだ顔、うれしい顔を子どもに見せてください。

大人も子どもの顔色を見ましょう

子どもが大人の顔色を見ながら行動している一方で、子どもの顔色を見ている大人があまりいないように思います。

たとえば、子どもが「ただいまあ」と外から帰ってきたとします。そのときあなたは、台所で晩ごはんのしたくをしています。さて、あなたはどうしますか？

台所にいたまま、「おかえり。もうすぐ晩ごはんよ。手を洗いなさい」などと言いながら、晩ごはんのしたくを続けていることが多いのではないでしょうか。また、晩ごはんを食べているときでも、「早く食べなさい。片づかないんだから」。食べ終わったら洗い物をしながら、「早くお風呂《ふろ》に入っちゃいなさい」。

お母さんは子どもとの普通の会話に時間をつかっていないのではないか、と思います。子どもと会話をするときでも、「今日は何があったの？」「だれと遊んできたの？」と、会話というよりは尋問に近いのではないでしょうか。お母さんが気になったことに対して納得するための会話はあっても、単なる無駄な会話というのはほとんどされていないように感じます。

もちろん、家事が忙しくて時間がないということもあるでしょう。でも、たとえば子どもがテレビを見ていたら、ちょっとお茶碗《ちゃわん》を洗う手をとめて、「あんたいつもこの番組見てるわね。おもしろいの？」などと言って、いっしょにテレビを見てみましょう。そして、「あら、テレビを見ていたらこんな時間になっちゃった。ちょっとお茶碗洗うの手伝ってよ」といっしょにお茶碗を洗っていれば、つかう時間は結局同じなのではないでしょうか。

子どもの顔色を見るというのは、大人が子どもと同じ視線になってみるということです。いまの大人のなかに、そういうゆとりがないように思います。

向かい合ってあらたまった話をすることはないのです。となりで横並びになって、無駄話、よもやま話をしてみるだけで十分です。

先日、電車のなかで、両親と小学生の子ども三人の家族連れが隣のボックスに座っていました。お母さんはうたた寝をしていて、ときどき目を覚ましては携帯型のデジタルペットの世話をします。子どもはそれぞれ携帯用ゲーム機に夢中です。お父さんはというと、イヤホンをつけて音楽を聴いていました。せっかくの家族旅行で、せっかく美しい景色が車窓に広がっているのに、会話がぜんぜん交わされていませんでした。日常の普通の会話が苦手になってしまうなんて、貧しくさみしいと思いませんか?

6 子育てしながら、あなたらしい子育てが見えてくる

子育てには「打ち上げ」がない

「りんごの木」に子どもを通わせている、あるお母さんが言っていました。

「子育てには、『打ち上げ』がないのよね……」

そうです。これが仕事なら、いまやってる仕事が片づいたら、仲間と打ち上げに行ってパーッとやる、なんてことができますが、子育てとなるとそうはいきません。子育てには区切りがないからです。たしかに、子どもが幼稚園に入った、小学校に入った、といった一応の区切りはありますが、それで子育てから解放されるわけではあり

ません。

そのお母さんは、打ち上げのない仕事を毎日毎日やり続けるのはとても疲れるから、打ち上げのあることをしようと、パッチワークを趣味で始めることにしました。そして、パッチワークで大きなウォールポケットをつくって、「りんごの木」にくださったのです。つくるのに時間のかかりそうな、とても手の込んだものでした。私が、

「つくるのたいへんだったでしょう？　もらっちゃっていいの？」

と聞くと、彼女はうれしそうに言います。

「いいんですよ。子育てに打ち上げがないからパッチワークを始めたの。毎日毎日、パッチワークをしこしこやって、できあがったときに『やったあ！』ってうれしかったわ。それで、それを人にあげて喜んでくれたらスッキリするのよ」

区切りのある自分の趣味を持つことで、子育ての疲れをちょっと逸《そ》らすことができたのでしょう。

お母さんは、結婚して子どもを産んだ瞬間から、すべてを捨ててしまいます。ごはんを食べる時間も、テレビを見る時間も、自分が自由につかっていた時間もみんなあきらめて、子育てに費やしているんです。だからちょっと工夫して、子どもを産む前

の自分を取り戻す工夫をしてみましょう。

ある日、お母さん方にこんな質問をしてみました。

「どういうときに、お母さん自身がイキイキする?」

すると、いろんな答えが返ってきます。

「子どもを寝かせて、ビールを飲む」

「子どもを寝かせて、大好きな編み物をする」

みんな「子どもを寝かせて……」です。子どもが起きているあいだは、なかなか自分の時間が取れないのでしょう。

子どもが小さいうちはそれでもいいのですが、子どもが少し大きくなってきたら、子どもが「遊んで!」と来ても、「お母さんはいま忙しいの」と言って子どもを遮断し、自分だけの時間を持ってみてもいいんじゃないでしょうか。

起きている間中は子どもにつき合わないといけないと思っているお母さんが多いようです。子どもといると幸せ、楽しいという人はいいんですが、ずっといっしょは苦痛だと思っている人もたくさんいらっしゃるでしょう。だから、そういうときには何でもいいから、心が落ち着くような自分の時間を持つことも大事なのです。

あるお母さんは揚げ物が大好きなんだそうです。

「でも、台所で揚げ物をしていると、必ず子どもが『ママ、ママ』って寄ってくるの。だから、危なくって……」

と言います。だから私は、

「揚げ物が好きなんだったら、揚げ物をしなさい。子どもが寄ってきたら蹴《け》っ飛ばしてもいいわよ。近寄れないように柵をしてもいいじゃない」

と言いました。これは前節でお話しした「親の価値観を子どもに伝える」ということにもつながります。「お母さんは揚げ物が好きなの。でも危ないから、揚げ物をしているときは近寄っちゃダメ」ということをメッセージとして子どもに伝えるのです。

何度かくり返していると、子どもは自然と「揚げ物をしているときは、お母さんに近寄っちゃいけないんだ」と絶対わかるようになります。

また、私の友だちに書き物をするのが好きな人がいて、一日に必ず一時間は机に向かっているそうです。そのあいだは、子どもが泣いても、よほどのことがない限り机から離れません。そのうち、子どもは彼女が机に向かっているあいだは一人で遊ぶようになって、しまいにはお母さんの隣で自分も絵を描いたり、勉強をしたりするようになったそうです。

お母さんが自分を取り戻す時間って、とても大事。そのうち必ず、子どもが理解してくれるようになります。

子どもをよそへ預けることに罪悪感を持たないで

自分の時間を持つと言っても、子どもを放《ほう》っておけない、子どものことが気になるという人は、子どもをどこかに預けることも考えてみましょう。最近は、託児所も充実してますし、ベビーシッターさんもいます。そういうのはお金がかかると思われるなら、近所の人や親戚《しんせき》、お友だちにお願いしてもいいでしょう。

お母さんには、自分が遊んだり趣味の時間を持つために子どもをよそへ預けることに罪悪感があるようです。でも、考えてみてください。子どもにとっては、いやいやつき合ってもらっているよりも、二〜三時間よそに預けられて、そのときは寂しくて泣いたりするかもしれないですが、そのあとお母さんがすっきりした顔で迎えに来てくれたほうがよっぽどいいんです。妙な罪悪感は捨ててください。

私は、子どもを預かるベビーシッターさんや育児ボランティアさんを相手に講演することがあるんですが、そのとき必ず言うことがあります。

「お母さんが子どもを預けにきたときは、それがカラオケだろうと、買い物だろうと、美容院だろうとだまって預かってください」

これは、お友だちの子どもを預かるときも同じです。お勉強や図書館なら預かるけど、カラオケはダメ……なんて言ったら、お母さんがもっと後ろめたさを感じてしまいます。図書館で本を読んでいたらスッキリするという人もいれば、カラオケでスッキリするという人もいるんです。どっちが質が高いか、正しいかなんてことはなく、その人にとって必要かどうかが大事なんです。だから、子どもを預かるときは理由を聞かずに、「二時間経ったら帰ってきてね。待ってるからね」と言って、だまって預かってほしいと思います。

グチを聞いてくれる人がいると安心する

いま、インターネットでは、お母さん同士が子育ての悩みを書き込んだりする掲示板がたくさんあります。専門家が悩みに答えてくれるものもあり、若いお母さんのあいだでとても役立っているようです。

周囲に子育ての悩みを聞いてもらえる関係というのがなかなかできないし、核家族化が進んで、おじいちゃんやおばあちゃんが近くにいないことも子育ての悩みを一人で抱え込んでしまう原因になっています。子どもをよそに預けると言っても、預かってくれる人が周りにいないかもしれません。

でも、やっぱり悩みやグチを聞いてくれる人が周囲にいれば、これほど安心できることはないでしょう。うわべだけの友だちが百人いても役には立ちませんが、本当に本音で話せる人が一人でもいれば、子育て以外にもメリットが大きいのです。

そういった関係がなかなかできにくいから、「りんごの木」の門を叩く人がいて、インターネットの子育て掲示板が人気になるのでしょう。もちろん、それでお母さんが安心できるのなら、インターネットでも何でもどんどん活用してほしいものです。

学校の価値観を家庭に持ち込まないで

お母さんのなかには、いわゆる英才教育型の人もいれば、「自由にのびのびと」と考えている人もいます。これは地域によっても違いますが、全体的には「自由・のびのび」型が多いのではないかと思います。

私は、そんなに特別な子どもに育つ必要はないと考えています。「みんなと仲よく、友だちがたくさんいる子」だとか、「頭がよくて、運動神経バツグン」だとか、そんなことを考えていたら、親も子も苦しくなっていくだけです。

小学校の子どもたちに「親に願うこと」というアンケートをとったら、一位が「学校の成績で評価しないで」、二位が「自分の話を聞いて」だったという話を耳にしました。とても残念なことです。どうして、学校の成績で自分の子どもの評価をしなくてはいけないのでしょうか。成績で評価するのは学校であって、親ではありません。家庭での評価は「家の手伝いをしない」とか、「だらしない」とか、「やさしくていい子だ」「元気が取り柄」とかではないのでしょうか。

たとえば、家庭で子どもが「犬を飼ってほしい」と言ったときに、「こんどの期末の成績表がぜんぶ5だったらね」と言っているお父さん、お母さんは意外と多いのではないでしょうか。このように、子どもに対して「条件づけ」をしている親はたくさんいます。でも、お母さんたち自身が何か「条件づけ」をされたら、決していい気分はしないでしょう。自分の立場に置き換えてみると、子どもの気持ちがわかります。「相手の立場に立って、考えてみなさい！」は、子どもだけでなく、大人も心がけてほしいことなのです。

必要なのは子どもを捨てない覚悟

ところで、先ほどから、「子どもを信じて任せましょう」というお話をしてきました。でも、それと「子どもを放っておく」のとは違います。お母さんは、子どもを信じて任せていても、常に子どものことを見守っていなければなりません。

最近は、子どもが小さいうちは過剰に手をかけて育てているのに、それが中学生くらいになって子どもが道をはずれて手に負えなくなると、手を離してしまうお母さんが多いように思います。私はそのようなお母さんを見るたびに、「ちょっと、いまが手をかけなきゃいけないときなのに……」と思ってしまいます。

小さな子どもがやっている悪事は、子どもを信じてちょっと見逃していてもかまわないこともあります。でも、子どもが思春期になったら、しっかり目を光らせておいて、道をはずれそうになったら、お母さんがちゃんと子どもをもとの道に戻してやらないといけません。そのときは反発しても、いつかお母さんに感謝する日がくるはずです。それが、「子どもを捨てない覚悟」なのです。

いまは、子どもが何か悪さをして警察に連れて行かれても、引き取りに来た親が世間体だけを気にして、「学校には知らせないでください」「誰か別の子にそそのかされたに決まってます」「お金で解決できますか?」と平気で言うそうです。そんな親の姿を見た子どもはどう思うでしょうか。

でも、引き取りに来るだけまだましなのかもしれません。なかには、引き取りにも来ない親もいるそうです。そうなれば子どもは、「親に捨てられた」と感じるでしょう。想像してみてください。子どもが親に捨てられたと感じたときに受けるショックは、ほかの何よりも大きいのです。お母さんは、子どもをしっかり見守る姿勢と、子どもを捨てない覚悟だけは持っていてほしいものです。

自分の足で歩く子どもに育てよう

近年、子どもが残虐な事件に巻き込まれるケースが多発しています。多くのケースで、子どもが一人になったときを狙《ねら》って犯行が行なわれています。場所も、家から学校までのわずかな距離であったり、学校や塾のなかでも事件が起こっています。もう都会には子どもが安全に過ごせる場所などないかのようです。

「りんごの木」に通う子どものお母さんに、こんな考えを持った人がいます。

そのお母さんは、三人の子どもがいるのですが、四歳の子は「りんごの木」に一人で歩いてきます。小学生の子どもも学校から帰ってランドセルをおいて自由に遊びに出かけていきます。お母さん曰《いわ》く、

「子どもが家から出た途端、何が起こるかわからない。でも、私は何があっても受け入れる」

すごく勇気のいることです。日常生活のなかで、それなりの危険から身を守る方法や自立心、信頼関係を築いているのだと思います。

彼女はこうも言います。

「子どもを不自由にして、自分の足で歩けないような子にするよりは、私はいさぎよく覚悟をして、子どもが自分で、自分の足で歩くように育ってほしい」

そこまで覚悟をしないと、いまの社会では子どもを育てることが難しいのかもしれません。

「りんごの木」には、「秋休み」というのがあります。春・夏・冬に休みがあるのに、秋にないのはおかしいと思い、私が勝手につくったのです。以前、その秋休みを利用して、私は沖縄県の波照間《はてるま》島に旅行に行ってきました。

泊まった民宿には、五歳と二歳の二人の女の子がいました。私が朝起きて外に出てみたら、その子どもたちがかごを持って歩いていました。

「どこか出かけるの?」

と私が聞いてみると、その子たちは、

「お散歩に行くの」

と答えます。

「じゃあね。行ってらっしゃい」

私は子どもを見送りながら、考えました。五歳と二歳の女の子が、手をつないで散歩に出かける。こんなことができる環境が、いまの日本にあったのか、と。

こんなことが自然にできて、親も心配にならないという環境は、もう都会にはあまりないでしょう。その子たちの後ろ姿は都会に住む同年代の子どもたちと比べて、立派な一人の人間として、精神的に自立しているように見えました。

夕方になって外に出てみると、私と一緒にきたスタッフが、島の子どもたちと鬼ごっこをして遊んでいます。

「あなた、ここでも保育してるの？」

私が笑って言うと、彼女は、

「この子たちに誘われちゃって……」

と言います。周りを見ると、大人たちは忙しそうに働いています。「どの人が、この子たちの親なの？」と思いましたが、わかりません。誰が親かは関係なく、大人全員が忙しく働きながらも、子どもたちを何となく見守っているようでした。

そのうち、島のあちこちに取り付けられたスピーカーから、音楽と一緒に、

「六時です。みんな家に帰って、お家の手伝いや勉強をしましょう。大人は遊んでい

る子がいたら声をかけてください」

という声が流れてきます。大人の温かさが伝わってくる光景です。子どもは子ども同士で自立していますし、大人は子どもに干渉することなく、自然に接しています。

この島には中学校までしかないので、それ以降は石垣島の高校の寮に住むか、下宿しないといけません。将来、その子たちは島を出ていつかは都会に移るかもしれません。そのとき、波照間島が都会とまったくちがう場所だということを実感するのでしょう。でも、都会の荒波に翻弄《ほんろう》されたとしても、結果的には自分の足で歩いていけるという気がしました。

先日、「りんごの木」で、あるお母さんが言っていました。

「『サザエさん』を見ていると、タラちゃんが三輪車に乗って、『行ってきまーす』って言って出て行ったんです。タラちゃんは幼稚園とかに行っている様子ではなかったから、三歳くらいじゃないかしら。三輪車にしか乗れないタラちゃんが、一人で『行ってきまーす』って出かけて、帰ってきたら『おかえりー』って親に迎えられるような時代と、いまの子どもが同じような人間に育つわけがないよね」

まったくそのとおりです。だからと言って、その時代に戻ることはできませんし、

日本国中が波照間島のようにはならないのです。

昔に戻れないのなら、いまをもっと進化させるしかありません。その進化の一つが、前述したように「公共のものを子どものためにつかう」ということなのでしょう。子どもが安心して遊べる場所がないのなら、公共物をつかえるようにしていきましょう。

また、システムの進化も必要です。集合住宅が一般化しているいま、子どもを育てやすい建築や、上下左右に必要以上の気遣いをしなくてすむような居住者構成別の住み分けができればいいでしょう。ほかにも、主婦の育児ストレス解消と子どもの遊び場確保のための定期的な預かり保育、子どもがいろいろな体験のできるプレイパーク、ビクビクせずに子ども連れで電車に乗れる「子ども連れ専用車両」、子育てを通じて親も育つことのできるような専門家のアドバイス、お母さんだけでなく地域もいっしょになって子どもを育てることができる「子育てパートナー制度」等々……。まだまだ進化する方向は無限にあるような気がします。

そして何よりも、「子どもは社会の宝」という言葉が一人ひとりの大人の自覚となり、地域全体が子どもを見守っていける、そんな心の豊かさを大人たちが持ってほしいと願っています。

生まれてきた以上、すべての子どもが「生まれてきてよかった」と思える世の中にする責任が、私たち大人にはあるのではないでしょうか。

共に悩みあい、励ましあっていきましょう。

おわりに

私は、東京都内の私立の幼稚園に、通算すると十年間勤務していたことがあります。はじめのころは、「正しい幼児教育」をめざしてがんばっていました。「子どもを幸せにするために、正しい教育を」と燃えていました。ところが、勉強すればするほど、研究会に出れば出るほど、いろんな考え方があることを知り、混乱していきました。「もう、だれか、私にこうしなさいと言ってほしい」と思うくらいになり、子どもの顔を見ることすら苦しくなってしまいました。最初の園を五年で辞め、転職したくらいです。でも、子どものことが忘れられずに保育に戻り、試行錯誤を繰り返していました。

そして、たどり着いたのは、教育や子育てについての考え方は、時代によっても、国によっても、地域によってもずいぶん違うということでした。

たとえば、三十年くらい前、赤ちゃんには母乳より人工栄養のほうが栄養のバランスがいいとされていました。それが、いまはまったく反対に考えられています。

おしゃぶりをくわえていると安心できるのだから、無理に取らないほうがいいという国もあれば、いつまでもしているのはおかしいという国もあります。

日本の中でさえ、幼い子どもだけで遊んでいるところもあれば、親子連れで公園で遊ぶのが当たり前のところもあります。

同じ時代、同じ場所でも、「英才教育」もあれば「自由にのびのび」と考える人もいます。

どうやら、正しいものはひとつではなさそうです。

そればかりではなく、たとえ「これが正しい」と言われても、私自身がそう感じないこともあるということも。たとえば、「よい絵本」と専門家に言われても、「そうかもしれないけれど、私はあまり好きではない」といったようなことが、たくさんあるのです。

さらに、「正しい」と言われても私自身ができるかどうかというと、そううまくはいかないことが多いことにも気づきました。「ほめて子育て」はいいと思いますけど、なかなか続きはしないのです。

　そして、ハッと気づきました、今まで子どもにとってどういう育児、教育がいいかにとらわれていたけれど、肝心の子ども自身がどんなふうに感じ、どんなふうに考え、どんなふうに成長していくのかに目を向けていなかったのではないか、と。

　そこで、原点に戻ってみることにしました。「子どものことは、子どもに聞く」ということです。子ども一般ではなく、出会った子ども一人ひとりを知るということです。言いかえると「子どものことをよく見てみよう」ということなのです。とにかく子どもが感じていることを、よいとか悪いとか判断するのではなく、「その子の心に添う」ことにしました。このことは本文にも触れましたが、そうしていくうちに子どもの気持ちが少しつかめるようになったと思います。

　そして、子どもだけではなく、親に対しても添う姿勢ができてきたように思います。幼稚園の先生時代は「親はどうあるべき」「親は子どもに対してこうであってほしい」という要求ばかりしていたような気がしますが、親の気持ちに添ってみると、親の抱えている問題やそうせざるをえない状況が見えてきました。

親も子も十人十色ということが、実感できるようになってきた気がします。そして、子どもが自ら育つ力を持っていると確信したように、親は子どもを愛しているからこそ、よい親であろうとしてがんばっていることも確信しました（親もいろいろですが、少なくともこの本を読もうとしてくださっているような方は）。

親ががんばればがんばるほど、かつての私のように、足下の子どもが見えなくなってしまうことにも気づきました。

子どもも親も、自分のありのままを「よし！」と支えてもらえれば、本来持っている自分の能力を発揮して、いい関係が築けるのではないでしょうか。そして、ともに前向きに育っていけるのです。なのに、力量以上の自分になろうとしすぎて、ともに苦しんでしまうように思います。

この本は、子どもの持つ力をお母さんに伝え、お母さんの気持ちを応援したいと思って書いたつもりです。子育ての肩の力を抜き、いつの日か「うちの子を産んでよかった！」「この家に生まれてよかった！」というような親子関係になっていただけたら、なによりの喜びです。

この本をつくるにあたっては、ＰＨＰ研究所教育出版部の宇佐美あけみさん、尾西敦子さんにお声を掛けていただき、私らしい思いの出る本にというご配慮のもとに進めていただきました。そして、仕事の遅い私に、株式会社ワードの澤野誠人さん、合力佐智子さんがお力添えしてくださって、ようやく出版の運びとなりました。皆様に心から御礼申し上げます。

柴田愛子

二〇〇六年三月

◎著者紹介
柴田愛子（しばた・あいこ）

1948年、東京生まれ。保育歴32年。東京都の私立幼稚園で10年間幼稚園教諭を経験した後、1982年、「子どもの心に寄り添う」を基本姿勢とした「りんごの木」を発足。以来24年間、子どもと遊び、子どもたちが生み出すさまざまなドラマを大人に伝えながら、子どもと大人の気持ちのいい関係づくりをめざしている。保育、講演、執筆、絵本作りと様々な子どもの分野で活動中。

著書『子育てを楽しむ本』『MONO・語り』りんごの木出版。

『けんかのきもち』第7回日本絵本大賞受賞。

『ぜっこう』『ありがとうのきもち』『ぼくは　いかない』

『ともだちがほしいの』『ぼくらのむしとり』以上、ポプラ社。

『子どもを叱りたくなったら読む本』学陽書房。

それは「叱る」ことではありません
どこまで叱るべきか迷うお母さんへ

2006年5月22日　第1版第1刷発行
2015年5月11日　第1版第27刷発行

著　　者　柴田愛子
発 行 者　安藤　卓
発 行 所　株式会社ＰＨＰ研究所
京都本部
〒601-8411　京都市南区西九条北ノ内町11
内容のお問い合わせは〈教育出版部〉☎075-681-8732
購入のお問い合わせは〈普及グループ〉☎075-681-8818
制作協力　株式会社ワード
印 刷 所　図書印刷株式会社

ISBN4-569-64411-2

なぎささんへ

叱りたいときに

叱ったらいい

叱りすぎたら

謝まろう

みや

2015.7.2

野川秀子